Wortschatz Deutsch praxisnah

kategorisiert nach Grammatik und Situationen

Chikako Kitagawa / Takahiro Nishio

JN089250

ASAHI Verlag

音声ダウンロード

音声再生アプリ「リスニング・トレーナー」

朝日出版社開発の無料アプリ、「リスニング・トレーナー（リストレ）」を使えば、教科書の音声をスマホ、タブレットに簡単にダウンロードできます。

まずは「リストレ」アプリをダウンロード

≫ App Storeはこちら

≫ Google Playはこちら

アプリ【リスニング・トレーナー】の使い方

① アプリを開き、「コンテンツを追加」をタップ

② QRコードをカメラで読み込む

③ QRコードが読み取れない場合は、画面上部に 25476 を入力し「Done」をタップします

ここがポイント！

ポイント① 再生トラックが選べる

ポイント② 3秒単位で早送り・早戻し

ポイント③ 選択トラックの連続再生

ポイント④ 再生速度の変更

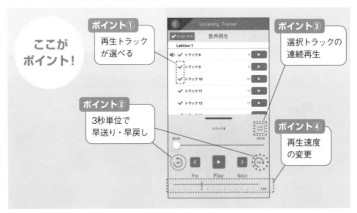

QRコードは㈱デンソーウェーブの登録商標です

音声ストリーミング

https://text.asahipress.com/free/german/wdptdt/

はじめに

　本書は、日本の大学などでドイツ語を学ぶ方を対象に、基本的な語彙力をつけてもらうことを目的として編まれた単語集です。内容としては、慶應義塾大学商学部の1・2年生向けドイツ語授業で、長年にわたって使用されてきた副教材がベースとなっています。今回の書籍化にあたり、これを全面的にアップデート・再編集しました。教育現場で蓄積された経験にもとづいて、初級から中級の学習過程で必要となる単語、また、現地の日常的な生活場面で有用な単語を厳選し、約1700語を収録しています。文法を学ぶのと並行して語彙を増やしていくことで、学習したことを実際に使ってさまざまなことが表現できるようになり、語学学習の楽しさを感じることができるでしょう。本書がその一助となれば幸いです。

　本書の特徴は以下の点にあります。
- シチュエーション別、文法項目別の2部構成で、前半では日常生活で想定されるさまざまなシチュエーションに特化した単語を、後半では文法項目ごとに単語を整理して掲載しています。各単元は独立していますので、どの単元からでも学習を始めることができます。
- 各単元は、基礎単語、例文、コラム、練習問題で構成されています。名詞については定冠詞と単数2格・複数形の語尾を、動詞については3基本形を併載し、覚えた単語を実践的に使えるようにするための工夫を加えました。
- 基礎単語と例文はネイティブ音声と日本語音声付きなので、聞き流すだけでも語彙力の向上につながります。
- コラムでは、熟語表現、ことわざ、文法の豆知識、便利なフレーズなど、ドイツ語学習や日常会話に役立つ情報を紹介しています。
- 練習問題では、書く作業を通して語彙の定着をはかることができます。
- パートの幕間に文法の基礎を一覧にまとめて収録し、語彙を学びながら文法を確認できるようにしました。
- シチュエーション別のパートでは、「単語プラスα」で中級レベルの単語を含めた関連語彙を記載していますので、さらなる語彙力アップをめざしてください。

　最後になりましたが、本書の全体にわたってネイティブ・チェックをしてくださり、音源の吹き込みを担当してくださった Diana Beier-Taguchi 氏、同じく音源の吹き込みをしてくださった Frank Nickel 氏、そして本書の企画から編集まで丁寧に根気よくご助言・ご指導くださった朝日出版社の山田敏之氏に、心よりお礼申し上げます。

北川千香子・西尾宇広

目　次

凡　例

男	男性名詞	再	再帰動詞
女	女性名詞	助	助動詞
中	中性名詞	形	形容詞
複	複数名詞	**jm.**	人の3格（jemandem）
自	自動詞	**jn.**	人の4格（jemanden）
他	他動詞	**etwas**	もの・事の2・3・4格

- 複数の表記法がある場合は、コンマ（ , ）で区切って連記した。
- 名詞の格を明示する際には、上付き数字で示した。
- 見出し語の「 / 」は、同一の名詞の男性形と女性形、または、言い換え可能な表現（複数の性を持つ名詞の冠詞など）、または、同一の成句を使った他の表現（同一の動詞と複数の名詞を組み合わせた表現など）を示すのに使用した。
- 名詞の「単2・複1」は、「 / 」の前が単数2格、後が複数1格の語尾を示す。ただし、複数名詞の場合には記載を省略した。単数2格で -s と -es の両方の語尾がある場合には、-(e)s と表記した。複数形がウムラウトを含む変化または不規則変化に該当する場合は、複数形の綴り字をすべて表記してある。また、「形容詞変化」としたものは形容詞の語尾変化に準じることを示す。
- 動詞の見出し語の ( ) は、ともに用いられる前置詞を示す。
- 再帰動詞の見出し語には、動詞の後にコンマ（ , ）で区切ってsichを付記した。
- 動詞の「3基本形」は、コンマ（ , ）を挟んで順に過去基本形、過去分詞の形を示す。ただし、規則動詞の場合には省略した。分離動詞・非分離動詞については、それが不規則動詞である場合、（→　）で基礎動詞を参照するよう指示したものもある。
- 形容詞の「比較級 / 最上級」は、「 / 」の前が比較級、後が最上級の形を示す。ただし、規則変化の場合には省略した。
- 名詞・動詞・形容詞以外の品詞については品詞記号を用いず、各セクション見出しでそれを明記した。
- 補足説明はアスタリスク（ * ）を付して欄外に記した。
- 人称代名詞、冠詞類、疑問代名詞、指示代名詞、関係代名詞などは収録していない。ただし、「文法まとめ」のなかでは言及した。

パート

I

— シチュエーション別 —

1 時・季節・数字

単語	単2・複1	意味

● 1日 （1日に関する言葉）

単語	単2・複1	意味
der Tag	-(e)s/-e	男 日
der Morgen	-s/-	男 朝
der Vormittag	-s/-e	男 午前
der Mittag	-s/-e	男 正午
der Nachmittag	-s/-e	男 午後
der Abend	-s/-e	男 晩
die Nacht	-/Nächte	女 夜
morgens		副 朝に
vormittags		副 午前に
mittags		副 正午に
nachmittags		副 午後に
abends		副 晩に
nachts		副 夜に
der Geburtstag	-(e)s/-e	男 誕生日

● 1週間 （週に関する言葉）

単語	単2・複1	意味
die Woche	-/-n	女 週
das Wochenende	-s/-n	中 週末
der Wochentag	-(e)s/-e	男 平日、曜日
der Montag	-(e)s/-e	男 月曜日
der Dienstag	-(e)s/-e	男 火曜日
der Mittwoch	-(e)s/-e	男 水曜日
der Donnerstag	-(e)s/-e	男 木曜日
der Freitag	-(e)s/-e	男 金曜日
der Samstag*	-(e)s/-e	男 土曜日
der Sonntag	-(e)s/-e	男 日曜日

＊der Samstag は der Sonnabend ともいう

2

単語	単2・複1	意味

● **1年**（月に関する言葉）

der Monat	-(e)s/-e	男 月
der Januar	-(s)/-e	男 1月
der Februar	-(s)/-e	男 2月
der März	-(es)/-e	男 3月
der April	-(s)/-e	男 4月
der Mai	-([e]s)/-e	男 5月
der Juni	-(s)/-s	男 6月
der Juli	-(s)/-s	男 7月
der August	-(e)s, -/-e	男 8月
der September	-(s)/-	男 9月
der Oktober	-(s)/-	男 10月
der November	-(s)/-	男 11月
der Dezember	-(s)/-	男 12月

● **四季**

das Jahr	-(e)s/-e	中 年
die Jahreszeit	-/-en	女 四季
der Frühling	-s/-e	男 春
der Sommer	-s/-	男 夏
der Herbst	-(e)s/-e	男 秋
der Winter	-s/-	男 冬

● **時間に関する言葉**

die Sekunde	-/-n	女 秒
die Minute	-/-n	女 分
die Stunde	-/-n	女 （単位としての）時間
die Uhr	-/-en	女 〜時、時計
der Moment	-(e)s/-e	男 瞬間

● 基数

null	0	zehn	10	zwanzig	20
eins	1	elf	11	dreißig	30
zwei	2	zwölf	12	vierzig	40
drei	3	dreizehn	13	fünfzig	50
vier	4	vierzehn	14	sechzig	60
fünf	5	fünfzehn	15	siebzig	70
sechs	6	sechzehn	16	achtzig	80
sieben	7	siebzehn	17	neunzig	90
acht	8	achtzehn	18	hundert	100
neun	9	neunzehn	19	tausend	1000

● 序数

erst	1.	**sieb**(en)**t**	7.	dreizehnt	13.
zweit	2.	**acht**	8.	vierzehnt	14.
dritt	3.	neunt	9.	zwanzigst	20.
viert	4.	zehnt	10.	dreißigst	30.
fünft	5.	elft	11.	vierzigst	40.
sechst	6.	zwölft	12.	hundertst	100.

＊19までは基数に **-t** を、20以上は **-st** をつける
＊序数は付加語としてのみ用いられ、必ず語尾がつく

（ 例 文 ）

▶ **Im Frühling blühen die Rosen.**（春にはバラの花が咲く。）

▶ **Ich jogge immer morgens.**（私はいつも朝ジョギングをしています。）

▶ **Wie spät ist es jetzt? ― Es ist 21.20 Uhr**（einundzwanzig Uhr zwanzig）**.**
（今何時ですか？― 21時20分です。）

▶ **Welchen Tag haben wir heute? ― Heute ist Samstag.**
（今日は何曜日ですか？ ― 今日は土曜日です。）

▶ **Wann sind Sie geboren? ― Ich bin am 3. August 1997 geboren.**
（あなたはいつ生まれましたか？― 私は1997年8月3日に生まれました。）

ドイツ語で年月日を表現する際には、日本語とは逆に「日、月、年」の順となります。

Ich bin am 3. 10. 1990 geboren.　私は1990年10月3日に生まれました。

日や曜日をいうときには、その前に am（前置詞 an＋dem）をつけます。週や月をいうときには、その前に in あるいは im（前置詞 in＋dem）をつけます。カレンダー上の1日を指す場合は、点を表す an、複数の日にまたがる場合は、カバーする範囲が大きくなるので範囲（〜の中）を表す in を用いる、と考えるとよいでしょう。ただし、週末（das Wochenende）は複数の日にまたがりますが、im ではなく am が用いられるので注意が必要です。

Am Wochenende fahre ich Ski.　週末にはスキーをする。

また、年をいうときには、年だけを書くか、im Jahr を年の前に置きます。

Dieses Museum wurde im Jahr 1960 gebaut.　この美術館は1960年に建てられた。

年号の読み方は英語と若干似ており、たとえば1990年は neunzehnhundertneunzig（＝「19」「100」「90」）という具合に、上2桁と下2桁で区切って読みます（英語は nineteen ninety）。しかし、2000年以降は読み方が変わります。2015年は、英語では two thousand（and）fifteen または twenty fifteen ですが、ドイツ語は zweitausendfünfzehn しかなく、zwanzigfünfzehn という言い方はありません。

練習問題

●日本語を参考に、（　）に適切な語を入れましょう。

1. Ich arbeite nur（　　　　　　　　　）.　私は午後だけ働いています。

2. Was machen Sie morgen（　　　　　　）?　明日の晩は何をしますか？

3. In einer（　　　　　）beginnt das Spiel.　あと1時間で試合が始まる。

4. Welche（　　　　　）magst du am liebsten?　どの季節が一番好き？

5. Wohin fährst du in diesem（　　　　　）?　今年の夏はどこに行くの？

●日付をドイツ語（定冠詞をつけた1格）で表現してみましょう。

1. 1813年5月22日

2. 1989年11月9日

3. 2010年8月21日

2 🔊 天候・天体

● 天候・天体に関する名詞

🎧 ① 10

単語	単2・複1	意味	
der Blitz	-es/-e	男	稲妻
der Donner	-s/-	男	雷鳴
das Eis	-es/	中	氷
der Frost	-(e)s/Fröste	男	霜
das Gewitter	-s/-	中	雷雨
der Grad	-(e)s/-e	男	度、度合い
der Hagel	-s/-	男	あられ
der Himmel	-s/-	男	空
die Hitze	-/	女	暑さ
die Kälte	-/	女	寒さ
das Klima	-s/-s	中	気候
der Mond	-(e)s/-e	男	月
der Nebel	-s/-	男	霧
der Regen	-s/-	男	雨
der Regenbogen	-s/-	男	虹
der Schnee	-s/	男	雪
die Sonne	-/-n	女	太陽
der Stern	-(e)s/-e	男	星
der Sturm	-(e)s/Stürme	男	嵐
die Temperatur	-/-en	女	気温
die Wärme	-/-n	女	暖かさ
das Wetter	-s/-	中	天気
der Wind	-(e)s/-e	男	風
die Wolke	-/-n	女	雲

単語	比較級 / 最上級	意味

● 天候に関する動詞

blitzen		📘 稲妻が光る
donnern		📘 雷が鳴る
regnen		📘 雨が降る
schneien		📘 雪が降る
wehen		📘 （風が）吹く

● 天候に関する形容詞

angenehm		快適な
bedeckt		曇った
bewölkt		曇った
feucht		湿った
heiß		暑い
heiter		快晴の
kalt	kälter/kältest	寒い
kühl		涼しい
mild(e)		穏やかな
neblig		霧がかかった
schön		よく晴れた
schwül		蒸し暑い
sonnig		晴れた
stürmisch		暴風の
warm	wärmer/wärmst	暖かい
wechselhaft		変わりやすい
windig		風のある
wolkig		曇った

【 天気予報の表現 】

das Unwetter	中	悪天候
die Wettervorhersage	女	天気予報
der Wetterbericht	男	天気予報
die Höchsttemperatur	女	最高気温
die Tiefsttemperatur	女	最低気温
das Hochdruckgebiet	中	高気圧
das Tiefdruckgebiet	中	低気圧
die Wetterkarte	女	天気図
die Feuchtigkeit	女	湿度
die Schlechtwetterfront	女	悪天候をもたらす前線
das Glatteis	中	路面凍結
die Glatteisgefahr	女	路面凍結の危険
der Dunst	男	もや、霞
trocken	形	雨の少ない、乾いた
nass	形	雨の多い、雨がちの

【 災害の表現 】

das Erdbeben	中	地震
das Hochwasser	中	洪水
der Klimawandel	男	気候変動
die Naturkatastrophe	女	自然災害
der Taifun	男	台風
der Tsunami	男	津波
die Überschwemmung	女	氾濫、洪水

【 天体 】

der Planet	男	惑星
der Merkur	男	水星
die Venus	女	金星
die Erde	女	地球
der Mars	男	火星
der Jupiter	男	木星
der Saturn	男	土星
der Uranus	男	天王星
der Neptun	男	海王星
das Universum	中	宇宙

13

《 例 文 》

▶ **Wie ist das Wetter bei euch?** （君たちのところの天気はどう？）

▶ **Weil es heftig regnet, bleibt sie zu Hause.**
（雨が激しく降っているので、彼女は家にいる。）

▶ **Wird es heute sehr warm?** （今日はとても暖かくなりますか？）

▶ **Es ist heute ganz kühl.** （今日はとても涼しい。）

▶ **Es ist schon kalt geworden.** （もう寒くなってきた。）

▶ **Das Klima ist sehr mild.** （気候は大変温暖だ。）

▶ **Vor dem Gewitter verdunkelte sich der Himmel.**
（雷雨になる前に空が暗くなった。）

▶ **Es wird wohl Nebel geben.** （霧が出るでしょう。）

▶ **Es sind 20 Grad.** （温度は20度です。）

非人称の es の用法

時刻、自然現象、心理・生理現象などを表す際には、英語の it に相当する非人称の es が用いられます。天候や時刻を表すときは、次のようにいいます。

Es regnet ganz stark.　とても激しく雨が降っている。

Jetzt ist es 11 Uhr.　今11時です。

ただし、たとえば同じ「寒い」という場合でも、ドイツ語では、たんに気温が低い場合と、風邪などを引いていて寒気を感じる場合とでは、表現が異なります。

純粋に気温が低いことを表す場合は、Es ist kalt. と言うのに対して、Es ist mir kalt. / Mir ist kalt. は主観的な感覚として寒いことを意味し、たとえ真夏日でも使える表現です。後者の場合は、意味上の主語は3格で表され、es は文頭以外ではしばしば省略されます。

そのほか、非人称の es は重要な熟語表現でも使われます。特に以下のものは頻出です。

es gibt＋4格「～がある」：Gibt es hier eine Toilette?　ここにトイレはありますか？

es geht＋3格「～の調子は…である」：Wie geht es dir?　元気？

es geht um＋4格「問題は～だ」：Es geht um deine Zukunft.　君の将来の話をしているんだ。

練習問題

● 日本語を参考に、（　）に適切な語を入れましょう。

1. Am Wochenende wird die（　　　　　）scheinen.
   週末は晴れるだろう。

2. Der（　　　　　）ist heute ziemlich stark.　今日は風がかなり強い。

3. Es（　　　　　）.　雷が鳴っている。

4. Nach der Wettervorhersage soll es morgen（　　　　　）geben.
   天気予報によれば明日は雪が降るらしい。

5. In Japan ist es im Sommer unerträglich（　　　　　）.
   日本の夏は耐え難いほどに蒸し暑い。

6. Am（　　　　　）kann man viele Sterne sehen.
   空にたくさんの星が見える。

7. Die（　　　　　）ist unter Null gesunken.　温度は氷点下に下がった。

3 自己紹介 （家族・職業）

単語	単2・複1	意味
der / die Angestellte	形容詞変化	男・女 会社員
der Arzt / die Ärztin	-es/Ärzte*	男・女 医者
das Baby	-s/-s	中 赤ん坊
der Bauer / die Bäuerin	-n/-n*	男・女 農民
der Beamte	形容詞変化	男 公務員
die Beamtin	-/-nen	女 公務員
der / die Bekannte	形容詞変化	男・女 知人
der Beruf	-(e)s/-e	男 職業
der Bruder	-s/Brüder	男 兄、弟
der Bürger / die Bürgerin	-s/-*	男・女 市民
der Chef / die Chefin	-s/-s*	男・女 上司
der Cousin	-s/-s	男 いとこ
die Cousine	-/-n	女 いとこ
die Dame	-/-n	女 淑女
das Ehepaar	-(e)s/-e	中 夫婦
die Eltern		複 両親
der Enkel / die Enkelin	-s/-*	男・女 孫
die Familie	-/-n	女 家族
die Frau	-/-en	女 女性、妻
der Freund / die Freundin	-(e)s/-e*	男・女 友人、恋人
das Geschwister	-s/-	中 （複数で）兄弟姉妹
die Großmutter	-/Großmütter	女 祖母
der Großvater	-s/Großväter	男 祖父
die Hausfrau	-/-en	女 主婦
der Hausmann	-(e)s/Hausmänner	男 主夫
der Herr	-n/-en	男 紳士
der Ingenieur / die Ingenieurin	-s/-e*	男・女 エンジニア

単語	単2・複1	意味
der Junge	-n/-n	男 少年
das Kind	-(e)s/-er	中 子ども
der Kollege / die Kollegin	-n/-n*	男・女 同僚
der König / die Königin	-s/-e*	男・女 王／女王
die Leute		複 人々
das Mädchen	-s/-	中 少女
der Mann	-(e)s/Männer	男 男性、夫
der Meister / die Meisterin	-s/-*	男・女 マイスター、師匠
die Mutter	-/Mütter	女 母
der Nachbar / die Nachbarin	-n/-n*	男・女 隣人
der Name	-ns/-n	男 名前
der Neffe	-n/-n	男 甥
die Nichte	-/-n	女 姪
der Onkel	-s/-	男 おじ
der Partner / die Partnerin	-s/-*	男・女 パートナー
der Polizist / die Polizistin	-en/-en*	男・女 警察官
der Präsident / die Präsidentin	-en/-en*	男・女 大統領
der Prinz / die Prinzessin	-en/-en*	男・女 王子／王女
der Schriftsteller / die Schriftstellerin	-s/-*	男・女 作家
der Schüler / die Schülerin	-s/-*	男・女 生徒
die Schwester	-/-n	女 姉、妹
der Sekretär / die Sekretärin	-s/-e*	男・女 秘書
der Sohn	-(e)s/Söhne	男 息子
der Student / die Studentin	-en/-en*	男・女 大学生
die Tante	-/-n	女 おば
die Tochter	-/Töchter	女 娘
der Vater	-s/Väter	男 父
der/die Verwandte	形容詞変化	男・女 親戚

＊単数2格と複数1格は男性名詞の場合を記載。女性形の場合、複数形の語尾は -nen となる。
（die Ärztin の複数形は die Ärztinnen）

【 さまざまな職業 】

Apotheker	薬剤師	Kaufmann / Kauffrau	商売人
Arbeiter	労働者	Koch	調理師
Architekt	建築家	Komponist	作曲家
Autor	作者、作家	Krankenpfleger	看護師
Bäcker	パン職人	Künstler	芸術家
Banker	銀行家	Landwirt	農業経営者
Bauarbeiter	土木作業員	Maler	画家
Berater	コンサルタント	Mechaniker	整備士
Buchhalter	会計士	Musiker	音楽家
Bürgermeister	市長	Pianist	ピアニスト
Dolmetscher	通訳	Pilot	パイロット
Elektriker	電気技師	Programmierer	プログラマー
Freiberufler	フリーランス	Rechtsanwalt	弁護士
Friseur	理髪師	Richter	裁判官
Handwerker	職人	Schauspieler	俳優
Informatiker	コンピュータ技術者	Steuerberater	税理士
Journalist	ジャーナリスト	Therapeut	療法士
Jurist	法律家	Übersetzer	翻訳家

＊見出しはすべて男性名詞単数で表記。女性名詞は語尾に -in がつく。単語中に a, o, u があるときはウムラウトすることが多い。この規則に該当しない場合のみ、男性形と女性形を併記してある。

《 例 文 》

15

▶ **Was ist Ihre Frau von Beruf? — Sie ist Beamtin.**
（あなたの奥さんのご職業は何ですか？ — 彼女は公務員です。）

▶ **Haben Sie Geschwister?**
— Ja, ich habe einen älteren Bruder und eine jüngere Schwester.
（ごきょうだいはいらっしゃいますか？ — はい、兄と妹がいます。）

▶ **Was macht dein Onkel? — Er ist Arzt.**
（君のおじさんは何をしているの？ — 医者だよ。）

▶ **Wohnt Familie Schmidt in Bonn?** （シュミット一家はボンに住んでいるの？）

コ ラ ム ジェンダー表記

ジェンダーニュートラルな表現を用いることをドイツ語で gendern といいます。

たとえば、従来、男性も女性も含めて Leser（読者）の複数形は die Leser とされて きました。これは形の上では男性名詞の複数形であり、女性名詞の Leserin の複数形 Leserinnen が除外されているため、女性が見えなくなってしまう表現です。また、男 女の二元論的な分類には属さない「第三の性」をもつ人々もいます。誰も差別されてい ると感じないように配慮した表現について、ドイツ語圏ではもう何年も前から活発に議 論されてきました。現在では以下のような表記が用いられています。

中立的な表現 Leserschaft　　**男女を並列する表現** Leser und Leserinnen
アスタリスク、コロン、アンダーバーを使った表現 Leser*innen, Leser:innen, Leser_innen
スラッシュとハイフンを使った表現 Leser/-innen
女性形を示す一部である i を大文字表記する表現 LeserInnen

そのほか、中立的な表現として分詞を名詞化する表現もあります。たとえば、 Interessierte（過去分詞）「興味のある人」、Studierende（現在分詞）「学生（＝勉強 する人）」などです。

„sehr geehrte Damen und Herren"（尊敬する皆様）という呼びかけの表現は、 以前は飛行機の機内アナウンスなどで用いられていましたが、現在は廃止されています。 その代わりに liebe Gäste「親愛なるお客様」、liebe Passagiere「親愛なる搭乗者様」 などの表現が使われるようになりました。

━━━━━━━━━━━━━━━━━ 練習問題 ━━━━━━━━━━━━━━━━▶

● 日本語を参考に、（　）に適切な語を入れましょう。

1. Darf ich meinen (　　　　　　) vorstellen?
   私の夫を紹介してもいいですか？

2. Meine Schwester ist (　　　　　　).　私の妹は医者です。

3. Arbeitet dein (　　　　　　) bei einer Firma in Osaka?
   君のお父さんは大阪の会社で働いているの？

4. Ihre (　　　　　　) ist 70 Jahre alt.　彼女の祖母は70歳です。

5. Was ist ihr (　　　　　　) von Beruf?　彼らの息子の職業は何ですか？

6. Ist seine (　　　　　　) verheiratet?　彼の娘は結婚していますか？

4 学校・文具

単語	単2・複1	意味
die Arbeit	-/-en	女 仕事、勉強
der Aufsatz	-es/Aufsätze	男 作文、論文
die Bibliothek	-/-en	女 図書館
der Bleistift	-(e)s/-e	男 鉛筆
das Buch	-(e)s/Bücher	中 本
der Campus	-/-	男 キャンパス
das Experiment	-(e)s/-e	中 実験
das Fach	-(e)s/Fächer	中 専門、学科
die Fakultät	-/-en	女 学部
der Füller	-s/-	男 万年筆
die Grundschule	-/-n	女 小学校
die Gruppe	-/-n	女 グループ
das Gymnasium	-s/Gymnasien	中 ギムナジウム
die Hausaufgabe	-/-n	女 宿題
das Heft	-(e)s/-e	中 ノート
die Hochschule	-/-n	女 専科大学、専門学校
der Kindergarten	-s/Kindergärten	男 幼稚園
die Klasse	-/-n	女 クラス
der Kugelschreiber	-s/-	男 ボールペン
der Kuli	-s/-s	男 ボールペン
der Kurs	-es/-e	男 コース
der Lehrer / die Lehrerin	-s/-*	男・女 教師
die Lektüre	-/-n	女 講読
das Lineal	-s/-e	中 定規
die Mensa	-/-s, Mensen	女 学生食堂
der Ordner	-s/-	男 ファイル
das Papier	-s/-e	中 紙

単語	単2・複1	意味
die Pause	-/-n	女 中断、休憩
der Professor / die Professorin	-s/-en*	男・女 教授
die Prüfung	-/-en	女 試験
der Radiergummi	-s/-s	男 消しゴム
das Referat	-(e)s/-e	中 レポート、発表
der Satz	-es/Sätze	男 文
die Schere	-/-n	女 ハサミ
die Schreibwaren		複 文房具、筆記用品
die Schule	-/-n	女 学校
der Schüler / die Schülerin	-s/-*	男・女 生徒
die Seite	-/-n	女 ページ、サイド
das Semester	-s/-	中 学期
das Seminar	-s/-e	中 ゼミナール
die Sitzung	-/-en	女 会議
die Sprache	-/-n	女 言語
der Student / die Studentin	-en/-en*	男・女 大学生
das Studium	-s/Studien	中 大学での勉強
der Stundenplan	-(e)s/Stundenpläne	男 時間割
das Thema	-s/Themen	中 テーマ
die Übung	-/-en	女 演習
die Universität	-/-en	女 大学
der Unterricht	-(e)s/-e	男 授業
die Vorlesung	-/-en	女 講義
der Vortrag	-(e)s/Vorträge	男 講演
die Wissenschaft	-/-en	女 学問
das Wort	-(e)s/-e, Wörter	中 言葉、単語
das Wörterbuch	-(e)s/Wörterbücher	中 辞書

＊単数2格と複数1格は男性名詞の場合を記載。女性形の場合、複数形の語尾は -nen となる。

【 Geisteswissenschaften　人文科学 】

die Anglistik	女 英語学	die Medienwissenschaft	女 メディア学
die Archäologie	女 考古学	die Musikwissenschaft	女 音楽学
die Germanistik	女 ドイツ学	die Pädagogik	女 教育学
die Geschichte	女 歴史学	die Philosophie	女 哲学
die Japanologie	女 日本学	die Romanistik	女 ロマンス語学
die Kulturwissenschaften	複 文化科学	die Sprachwissenschaft	女 言語学
die Kunstgeschichte	女 美術史	die Theologie	女 神学
die Literaturwissenschaft	女 文芸学		

【 Sozialwissenschaften　社会科学 】

die Betriebswirtschaft	女 経営学	die Soziologie	女 社会学
die Handelswissenschaft	女 商学	die Touristik	女 観光学
die Jura	複 法学	die Wirtschaftswissenschaft	女 経済学
die Politologie	女 政治学		

【 Naturwissenschaften　自然科学 】

die Agrarwissenschaft	女 農学	die Mathematik	女 数学
die Architektur	女 建築	die Medizin	女 医学
die Biologie	女 生物学	die Pharmazie	女 薬学
die Chemie	女 化学	die Physik	女 物理学
die Informatik	女 情報科学	die Psychologie	女 心理学
der Maschinenbau	男 機械工学		

17

例　文

▶ **Bücher kann man in einer Bibliothek ausleihen.** （本は図書館で借りられる。）

▶ **Heute wollen wir über das Thema „Globalisierung" diskutieren.**
（今日は「グローバル化」というテーマについて議論しましょう。）

▶ **Professor Müller unterrichtet auf Japanisch.**
（ミュラー教授は日本語で授業をしている。）

▶ **Vor der Prüfung lernen die Studenten besonders fleißig.**
（試験前には、学生たちはとくに熱心に勉強する。）

▶ **Ich studiere Jura in Heidelberg.** （私はハイデルベルクで法学を専攻しています。）

コラム　学校に関する表現

　この単元で取り上げた単語は、特定の語句とともにしばしば熟語的に用いられます。学校に関する表現には以下のようなものがあります。

sich an einer Universität einschreiben　大学に学籍登録する

ein Referat / einen Vortrag / eine Präsentation halten　研究発表／講演／プレゼンする

Hausaufgaben machen / abgeben　宿題をする／提出する

in die Schule / zur Schule gehen　学校へ行く

zur Uni gehen　大学へ行く

am Unterricht / am Seminar teilnehmen　授業／ゼミに出る

sitzen bleiben / eine Klasse wiederholen　留年する

vom Sitznachbar / von der Sitznachbarin abschreiben　カンニングする

eine Prüfung machen　試験を受ける　　im Examen durchfallen　試験に落ちる

eine Prüfung bestehen　試験に合格する　　Buch / Seite aufschlagen　本／ページを開く

練習問題

● 日本語を参考に、（　）に適切な語を入れましょう。

1. Nehmt ihr heute am （　　　　　） teil?
   君たちは今日ゼミに参加するの？

2. Ich will ein （　　　　　） halten.　私は研究発表するつもりです。

3. Es ist nicht leicht, eine （　　　　　） zu beherrschen.
   言語を習得するのは容易ではない。

4. Kinder, habt ihr schon eure （　　　　　　　　　） erledigt?
   子どもたち、もう宿題は済ませたの？

5. Was willst du nach deinem （　　　　　） machen?
   大学で勉強した後は何をするつもりなの？

6. Sie hat die （　　　　　） bestanden.　彼女はその試験に合格した。

7. Kannst du mir dein （　　　　　） leihen?　君の辞書を貸してくれる？

8. （　　　　　） macht den Meister.　継続は力なり（＝練習は名人を作る）。

17

5 🔖 食事 （レストランにて）

単語	単2・複1	意味

● 食べ物

das Abendessen	-s/-	中 夕食
das Brot	-(e)s/-e	中 パン
das Essen	-s/-	中 食事
das Frühstück	-(e)s/-e	中 朝食
der Kuchen	-s/-	男 ケーキ
das Mittagessen	-s/-	中 昼食
die Nudel	-/-n	女 （ふつう複数で）麺
der Pfeffer	-s/-	男 こしょう
der Reis	-es/	男 米
der Salat	-(e)s/-e	男 サラダ
das Salz	-es/-e	中 塩
die Speise	-/-n	女 食事
die Suppe	-/-n	女 スープ
der Zucker	-s/	男 砂糖

● 飲み物

der Alkohol	-s/-e	男 アルコール
das Bier	-(e)s/-e	中 ビール
der Kaffee	-s/-s	男 コーヒー
die Milch	-/-e(n)	女 牛乳
der Saft	-(e)s/Säfte	男 ジュース
der Tee	-s/-s	男 お茶
das Wasser	-s/-	中 水
der Wein	-(e)s/-e	男 ワイン

＊飲み物の複数形は種類や銘柄のときのみ使用

単語	単2・複1	意味

● 食器

der Becher	-s/-	男 （マグ）カップ、杯
das Besteck	-(e)s/-e	中 （ナイフ・フォーク類の）食器
die Flasche	-/-n	女 瓶、ボトル
die Gabel	-/-n	女 フォーク
das Glas	-es/Gläser	中 グラス
der Löffel	-s/-	男 スプーン
das Messer	-s/-	中 ナイフ
die Schüssel	-/-n	女 深皿、ボウル
das Stäbchen	-s/-	中 （ふつう複数で）箸
die Tasse	-/-n	女 （コーヒー・紅茶用の）カップ
der Teller	-s/-	男 皿

● 注文・支払い

der Euro	-(s)/-(s)	男 ユーロ
der Gast	-(e)s/Gäste	男 客
der Kellner / die Kellnerin	-s/-*	男・女 給仕
die Rechnung	-/-en	女 勘定（書）
die Speisekarte	-/-n	女 メニュー
das Trinkgeld	-(e)s/-er	中 チップ
bestellen		他 注文する
bezahlen		他 支払う（目的語は支払い対象）
schmecken		自 味がする、味わう
zahlen		他 支払う（目的語は代金）

＊単数2格と複数1格は男性名詞の場合を記載。女性形の場合、複数形の語尾は -nen となる。

● 場所

das Café	-s/-s	中 カフェ、喫茶店
die Kneipe	-/-n	女 居酒屋
das Restaurant	-s/-s	中 レストラン

【 さまざまな単位 】

ein Stück Kuchen	一個のケーキ	eine Tasse Kaffee	一杯のコーヒー
ein Glas Rotwein	一杯の赤ワイン	eine Flasche Wasser	一本の水
eine Scheibe Schinken	一枚のハム	eine Schüssel Reis	一杯のご飯
ein Teller Pasta	一皿のパスタ	eine Dose Tomaten	一缶のトマト
ein Paar Wiener	一組のウインナー	ein Dutzend Eier	一ダースの玉子
eine Packung Milch	一パックの牛乳	ein Becher Eis	一カップのアイス

【 さまざまな飲み物 】

das Mineralwasser 　中 ミネラルウォーター

Wasser mit Kohlensäure (Gas) 　中 炭酸入りの水

Wasser ohne Kohlensäure (Gas), stilles Wasser 　中 炭酸なしの水

der Apfelsaft 　男 リンゴジュース　　der Orangensaft 　男 オレンジジュース

die Limonade 　女 レモネード　　die Cola 　女 コーラ

das Weißbier, der Hefeweizen 　中, 男 白ビール

Helles ［形容詞変化］淡色のビール　　Dunkles ［形容詞変化］黒ビール

das Bier vom Fass 　中 生ビール　　der Radler 　男 ビールのレモネード割り

der Schnaps 　男 蒸留酒　　der Cocktail 　男 カクテル

der Rotwein 　男 赤ワイン　　der Weißwein 　男 白ワイン

trocken 形 辛口の　　halbtrocken 形 中辛口の　　süß 形 甘口の

23

例　文

▶ **Der Kellner hat uns Wasser gebracht.**（給仕が私たちに水を持ってきた。）

▶ **Nach dem Abendessen gehe ich mit meinen Freunden in die Kneipe.**（夕食後に私は友人と居酒屋に行く。）

▶ **Für die Speise möchte ich ein bisschen Salz.**
（この料理には少しお塩がほしい。）

▶ **Ich darf heute keinen Alkohol trinken, weil ich mit dem Auto gekommen bin.**（今日は車で来たのでアルコールは飲んではならない。）

▶ **Ich hätte gern Wasser mit Kohlensäure.**（炭酸水をください。）

▶ **Die Rechnung bitte!**（お勘定をお願いします！）

コ ラ ム　レストランでのさまざまな表現

レストランでの一場面を想像しながら、一連のやりとりを見てみましょう。

Ich möchte einen Tisch reservieren.　テーブルを予約したいのですが。

Wir möchten bestellen.　注文したいのですが。

— Was darf es sein?　何になさいますか？

Was können Sie uns empfehlen?　おすすめは何ですか？

— Wir haben frisch gebackenen Käsekuchen.　焼き立てのチーズケーキがあります。

Dann nehme ich einen Käsekuchen.　それならチーズケーキにします。

— Guten Appetit!　どうぞめしあがれ！

— Hat es Ihnen geschmeckt?　お口に合いましたか？

Ich möchte bezahlen.　お会計をお願いします。

— Zusammen oder getrennt?　ご一緒ですか、別々ですか？

Getrennt bitte!　別々でお願いします！

Ich möchte bar / mit der Kreditkarte bezahlen.　現金で／カードで支払いたいです。

— Das macht 12,50 Euro.　12ユーロ50です。

14 Euro bitte. Stimmt so.　14ユーロでお願いします。おつりは結構です。

練習問題

● 日本語を参考に、（　）に適切な語を入れましょう。

1. Ich trinke Tee lieber aus dem（　　　　　）als aus der Tasse.
   紅茶はカップよりもマグカップで飲むのが好きだ。

2. Möchtest du ein（　　　　　）Rotwein?
   赤ワインをグラス一杯いかが？

3. Bringen Sie bitte eine（　　　　　）!　メニューを持ってきてください！

4. Heute nehme ich einen（　　　　　）und ein Stück（　　　　　）
   dazu.　今日はサラダにパンを一つもらいます。

5. Kannst du mit（　　　　　）essen, oder soll ich eine（　　　　　）
   bringen?　お箸で食べられる？　それともフォークを持ってこようか？

6. Hat das Essen Ihnen（　　　　　）?　料理はお口に合いましたか？

7. Können Sie bitte die（　　　　　）bringen?　お勘定をお願いできますか？

6 🎧 買い物

単語	単2・複1	意味

● 品物を選ぶ・お金を払う

単語	単2・複1	意味
der Apfel	-s/Äpfel	男 りんご
das Brot	-(e)s/-e	中 パン
die Butter	-/	女 バター
die Dose	-/-n	女 缶詰、缶
das Ei	-(e)s/-er	中 卵
die Einkaufstüte	-/-n	女 買い物袋
der Einkaufswagen	-s/-	男 買い物カート
der Euro	-(s)/-(s)	男 ユーロ
der Fisch	-(e)s/-e	男 魚
das Fleisch	-(e)s/	中 肉
das Geld	-(e)s/-er	中 お金
das Gemüse	-s/-	中 野菜
das Gewürz	-es/-e	中 スパイス
der Honig	-s/-e	男 はちみつ
das Hühnerfleisch	-(e)s/-	中 鶏肉
der Käse	-s/-	男 チーズ
die Kasse	-/-n	女 レジ
der Kunde / die Kundin	-n/-n*	男・女 客
das Lebensmittel	-s/-	中 （ふつう複数で）食料品
die Milch	-/-e(n)	女 牛乳
das Obst	-(e)s/	中 果物
das Öl	-(e)s/-e	中 油
die Packung	-/-en	女 パック
der Rabatt	-(e)s/-e	男 値引き、割引
das Rindfleisch	-(e)s/	中 牛肉
der Saft	-(e)s/Säfte	男 ジュース

単語	単2・複1	意味
das Schaufenster	-s/-	中 ショーウィンドウ
der Schinken	-s/-	男 ハム
das Schweinefleisch	-(e)s/	中 豚肉
der Senf	-(e)s/-e	男 からし
das Sonderangebot	-(e)s/-e	中 特売品
das Spülmittel	-s/-	中 食器用洗剤
die Süßigkeit	-/-en	女 お菓子
das Toilettenpapier	-s/-e	中 トイレットペーパー
der Umtausch	-(e)s/-e	男 交換
der Verkäufer / die Verkäuferin	-s/-*	男・女 店員
das Waschmittel	-s/-	中 洗濯用洗剤
das Wechselgeld	-(e)s/-er	中 おつり
die Wurst	-/Würste	女 ソーセージ

＊単数2格と複数1格は男性名詞の場合を記載。女性形の場合、複数形の語尾は -nen となる。

● 買い物施設

単語	単2・複1	意味
die Apotheke	-/-n	女 薬局
die Bäckerei	-/-en	女 パン屋
die Buchhandlung	-/-en	女 本屋
das Einkaufszentrum	-s/Einkaufszentren	中 ショッピングセンター
das Geschäft	-(e)s/-e	中 店
das Kaufhaus	-es/Kaufhäuser	中 デパート
der Kiosk	-(e)s/-e	男 売店、キオスク
die Konditorei	-/-en	女 菓子屋
der Laden	-s/Läden	男 商店
der Markt	-(e)s/Märkte	男 市場
die Metzgerei	-/-en	女 肉屋
der Supermarkt	-(e)s/Supermärkte	男 スーパーマーケット

単語プラスα

【野菜】

die Aubergine	女 ナス	der Lauch	男 ネギ
die Bohne	女 豆	der Mais	男 とうもろこし
die Gurke	女 キュウリ	der Pilz	男 きのこ
die Karotte	女 にんじん	der Spargel	男 アスパラガス
die Kartoffel	女 じゃがいも	der Spinat	男 ほうれん草
der Kohl	男 キャベツ	die Tomate	女 トマト
der Kopfsalat	男 レタス	die Zwiebel	女 玉ねぎ
der Kürbis	男 かぼちゃ		

【果物】

die Banane	女 バナナ	die Melone	女 メロン
die Birne	女 梨	die Orange	女 オレンジ
die Blaubeere	女 ブルーベリー	die Traube	女 ぶどう
die Erdbeere	女 いちご	die Wassermelone	女 スイカ
die Kirsche	女 さくらんぼ	die Zitrone	女 レモン

【お菓子】

der / das Bonbon	男・中 飴	der Keks	男 クッキー
das Eis	中 アイス	der Pudding	男 プリン
das Gebäck	中 焼き菓子	die Sahne	女 生クリーム
der / die / das Jogurt	男・女・中 ヨーグルト	die Schokolade	女 チョコレート
der / das Kaugummi	男・中 ガム	die Torte	女 タルト

26

例文

▶ **Es ist alles in Butter.**（万事好調だ。）

▶ **Mein Kollege muss immer seinen Senf dazugeben.**
（私の同僚は何にでも口出しせずにはいられない。）

▶ **An der Kasse ist schon eine lange Schlange.**（レジはすでに長蛇の列だ。）

▶ **Kümmere dich nicht um ungelegte Eier.**（取り越し苦労をするな。）

▶ **Kannst du bitte auf dem Markt Obst kaufen?**
（市場で果物を買ってきてくれる？）

▶ **Mein Vater isst lieber Fisch als Fleisch.**（私の父は肉より魚を好んで食べる。）

Wurstを使った表現

ドイツ料理といえばソーセージ。ドイツ語には、ソーセージが登場することわざや慣用句がたくさんあります。下の例が示すように、ソーセージには幅広い、場合によっては正反対の意味合いのあることが分かります。

Würstchen auf der Suche nach Speck werfen
ベーコンを求めてソーセージを投げる（＝海老で鯛を釣る）
die beleidigte Leber**wurst** spielen　むくれる
Alles hat ein Ende, nur die **Wurst** hat zwei.
全てのものに終わりがあるが、ソーセージには終わりが二つある（＝全てのものには終わりがある）。
Nur der Metzger und Gott wissen, was in der **Wurst** ist.
肉屋と神だけがソーセージの中身を知っている（＝当事者にしか真実は分からない）。
eine Extra**wurst** bekommen　特別なソーセージをもらう（＝ひいきされる）
Es geht um die **Wurst**!　今が正念場だ！
Das ist mir vollkommen **Wurst**.　そんなことは私にはまったくどうでもいいことだ。

練習問題

● 日本語を参考に、（　）内に適切な語を入れましょう。

1. Es ist gesund, viel（　　　　　）zu essen.
   野菜をたくさん食べるのは健康的だ。

2. Heute sind（　　　　　）20 Prozent reduziert.
   今日は卵が2割引だ。

3. Heute habe ich（　　　　　）gekauft.　今日は食料品を買った。

4. In Deutschland gibt es verschiedenste Sorten von（　　　　）.
   ドイツには実にさまざまな種類のソーセージがある。

5. Ein（　　　　）beschwert sich beim Verkäufer.
   一人の客が店員に苦情を言っている。

6. Ich hätte gern ein Brötchen mit（　　　　）und（　　　　）.
   ハムとチーズのパンがほしいのですが。

7. Geben Sie mir 300g（　　　　）!　牛肉を300グラムください！

7 衣服・住居・施設

単語	単2・複1	意味
die Adresse	-/-n	女 住所
der Anzug	-(e)s/Anzüge	男 スーツ
der Ausgang	-(e)s/Ausgänge	男 出口
die Bank	-/-en	女 銀行
die Bank	-/Bänke	女 ベンチ
der Bau	-(e)s/	男 建築、建設
die Bibliothek	-/-en	女 図書館
die Brauerei	-/-en	女 ビール醸造所
die Brille	-/-n	女 眼鏡
der Brunnen	-s/-	男 噴水
das Büro	-s/-s	中 事務所
der Eingang	-(e)s/Eingänge	男 入口
die Fabrik	-/-en	女 工場
das Fenster	-s/-	中 窓
die Firma	-/Firmen	女 会社
der Garten	-s/Gärten	男 庭
das Gebäude	-s/-	中 建物
die Halle	-/-n	女 ホール
das Haus	-es/Häuser	中 家
das Hemd	-(e)s/-en	中 シャツ
die Hose	-/-n	女 ズボン
der Hut	-(e)s/Hüte	男 帽子
die Jacke	-/-n	女 ジャケット
der Kindergarten	-s/Kindergärten	男 幼稚園
das Kino	-s/-s	中 映画館
die Kirche	-/-n	女 教会

単語	単2・複1	意味
das Kleid	-(e)s/-er	中 ワンピース
das Krankenhaus	-es/Krankenhäuser	中 病院
die Krawatte	-/-n	女 ネクタイ
die Küche	-/-n	女 台所
der Mantel	-s/Mäntel	男 コート
die Miete	-/-n	女 家賃
das Museum	-s/Museen	中 博物館、美術館
die Oper	-/-n	女 オペラ
der Ort	-(e)s/-e	男 場所
der Park	-s/-s	男 公園
der Platz	-es/Plätze	男 広場
die Polizei	-/	女 警察
die Post	-/	女 郵便、郵便局
das Postamt	-(e)s/Postämter	中 郵便局
das Rathaus	-es/Rathäuser	中 市役所
der Raum	-(e)s/Räume	男 空間、部屋
der Rock	-(e)s/Röcke	男 スカート
der Schalter	-s/-	男 窓口
das Schloss	-es/Schlösser	中 城
der Schuh	-(e)s/-e	男 靴
die Tasche	-/-n	女 バッグ
das Theater	-s/-	中 劇場
die Toilette	-/-n	女 トイレ
die Treppe	-/-n	女 階段
die Tür	-/-en	女 ドア
der Turm	-(e)s/Türme	男 塔
die Wohnung	-/-en	女 住まい
das Zimmer	-s/-	中 部屋

【 衣服・身につけるもの 】

die Armbanduhr	女 腕時計	der Pullover	男 セーター
die Bluse	女 ブラウス	der Ring	男 指輪
der Gürtel	男 ベルト	der Rucksack	男 リュックサック
die Halskette	女 ネックレス	der Schal	男 ショール
der Handschuh	男 手袋	die Socke	女 ソックス
die Kleidung	女 衣類	der Stiefel	男 ブーツ
die Krone	女 冠	der Strumpf	男 ストッキング
die Mütze	女 帽子	das Taschentuch	中 ハンカチ
der Ohrring	男 イヤリング	die Wäsche	女 下着

【 住居まわり 】

das Bad	中 入浴、浴室	der Herd	男 かまど
das Dach	中 屋根	der Mülleimer	男 ごみ箱
die Decke	女 天井	das Schlafzimmer	中 寝室
die Ecke	女 角	die Terrasse	女 テラス
der Flur	男 廊下	das Tor	中 門
der Fußboden	男 床	der Vorhang	男 カーテン
die Garage	女 ガレージ	die Wand	女 壁
die Heizung	女 暖房	das Wohnzimmer	中 居間

【 施設 】

die Apotheke	女 薬局	die Buchhandlung	女 書店
die Ausstellung	女 展覧会	die Jugendherberge	女 ユースホステル
die Bäckerei	女 パン屋	das Stadion	中 競技場

🎧 **1**
28

◀ 例 文 ▶

▶ **Er trägt immer eine rote Brille.**（彼はいつも赤い眼鏡をかけている。）

▶ **Mach sofort das Fenster zu!**（早くその窓を閉めて！）

▶ **Seine Schwester arbeitet bei einer Firma in Bonn.**
（彼の姉はボンの会社で働いている。）

▶ **Ich muss gleich auf die Post gehen.**（私はすぐに郵便局に行かねばならない。）

　何かがどこかに「ある」というとき、ドイツ語では sein 以外に liegen（横たわって
いる）や stehen（立っている）を使うこともあります。使い分けの基準として、まず
は両者のイメージの違いを意識しておきましょう。たとえば das Buch steht...は、本
が棚にきれいに立って並んでいるイメージ、逆に das Buch liegt...というと、机の上な
どに無造作に置かれているイメージです。とくに注意が必要なのは、お皿や靴や車です。
なんとなく平べったい（＝接地面が大きい）イメージがあるので、つい liegen を使い
たくなるかもしれませんが、ちゃんと置かれている場合には stehen を使います。die
Schuhe liegen...、das Auto liegt...というと、倒れて散乱した靴や横転した車のイメ
ージが浮かびます。これと同じ理由で、たとえばソファのように横長の家具であっても、
ちゃんと置かれているのであれば、それは stehen の状態です。

〈 練習問題 〉

● 次の下線部の建物がどこにあるか、地図を見ながら考えましょう。

1. Die Post liegt zwischen dem Krankenhaus und der Bank.

2. Die Buchhandlung ist neben dem Museum, das am Platz liegt.

3. Gegenüber dem Theater stehen drei Gebäude und das
   mittlere ist das Hotel.

8 身体・体調

単語	単2・複1	意味
die Ader	-/-n	女 血管
der Appetit	-(e)s/	男 食欲
der Arm	-(e)s/-e	男 腕
das Auge	-s/-n	中 目
der Bart	-(e)s/Bärte	男 ひげ
der Bauch	-(e)s/Bäuche	男 腹
das Bein	-(e)s/-e	中 脚
das Blut	-(e)s/-e	中 血
die Brust	-/Brüste	女 胸
der Durst	-(e)s/	男 喉の乾き
die Erkältung	-/-en	女 風邪
das Fieber	-s/	中 熱
der Finger	-s/-	男 指
der Fuß	-es/Füße	男 足
das Gefühl	-(e)s/-e	中 感情
das Gehirn	-(e)s/-e	中 脳
das Gehör	-(e)s/-e	中 聴覚
der Geruch	-(e)s/Gerüche	男 におい、嗅覚
der Geschmack	-(e)s/Geschmäcke	男 味覚、趣味
das Gesicht	-(e)s/-er	中 顔、視覚
die Gesundheit	-/	女 健康
die Grippe	-/-n	女 インフルエンザ
das Haar	-(e)s/-e	中 髪
der Hals	-es/Hälse	男 首、のど
die Hand	-/Hände	女 手

単語	単2・複1	意味
das Herz	-ens/-en	中 心、心臓
die Hüfte	-/-n	女 腰
der Hunger	-s/	男 空腹
das Knie	-s/-	中 膝
der Knochen	-s/-	男 骨
der Kopf	-(e)s/Köpfe	男 頭
der Körper	-s/-	男 身体
die Krankheit	-/-en	女 病気
der Krebs	-es/-e	男 癌
der Leib	-(e)s/-er	男 肉体
die Lippe	-/-n	女 唇
die Lunge	-/-n	女 肺
der Magen	-s/Mägen	男 胃
der Mund	-(e)s/Münder	男 口
der Nacken	-s/-	男 首筋、うなじ
der Nagel	-s/Nägel	男 爪、釘
die Nase	-/-n	女 鼻
das Ohr	-(e)s/-en	中 耳
der Rücken	-s/-	男 背中
der Schmerz	-es/-en	男 痛み
die Schulter	-/-n	女 肩
der Schweiß	-es/	男 汗
der Sinn	-(e)s/-e	男 感覚、意味
die Stimme	-/-n	女 声
die Stirn	-/-en	女 額、おでこ
die Träne	-/-n	女 涙
der Zahn	-(e)s/Zähne	男 歯
die Zunge	-/-n	女 舌

【 感情や心の状態を表す名詞 】

der Abscheu	男	嫌悪	der Neid	男	嫉妬
die Angst	女	不安	die Neugier	女	好奇心
der Ärger	男	怒り、不機嫌	die Ohnmacht	女	失神
die Begeisterung	女	感激	die Reue	女	後悔
der Eifer	男	熱意、熱中	die Schadenfreude	女	他人の不幸を喜ぶ気持ち
die Einsamkeit	女	孤独			
der Ekel	男	吐き気	der Scham	男	羞恥
die Enttäuschung	女	落胆	die Stimmung	女	気分
die Freude	女	喜び	der Stolz	男	誇り
die Furcht	女	恐怖	die Trauer	女	悲しみ
die Geduld	女	忍耐、辛抱	die Überraschung	女	驚き
das Gemüt	中	心情、情緒	die Verachtung	女	軽蔑
das Glück	中	幸福	das Vertrauen	中	信頼
der Hass	男	憎しみ	die Verwirrung	女	困惑
die Hassliebe	女	愛憎なかばする思い	die Verzweiflung	女	絶望
der Kummer	男	苦悩	die Wehmut	女	悲哀、憂い
die Laune	女	気分	die Wonne	女	歓喜、至福
die Liebe	女	愛	die Wut	女	激怒
das Misstrauen	中	不信	der Zorn	男	怒り
das Mitleid	中	同情	die Zufriedenheit	女	満足
der Mut	男	勇気	der Zweifel	男	疑念

例　文

▶ **Guten Appetit!**（どうぞめしあがれ！）

▶ **Er liegt auf dem Bauch.**（彼はうつ伏せに横たわっている。）

▶ **Dieter hat gestern hohes Fieber bekommen.**（ディーターは昨日高熱を出した。）

▶ **Das trifft nicht meinen Geschmack.**（それは私の趣味じゃない。）

▶ **Ich habe heftige Kopfschmerzen.**（私はひどい頭痛がする。）

　＊身体の部位＋ -schmerzen で「～痛」を表す。ほかに Magenschmerzen（胃痛）、Zahnschmerzen（歯痛）など。

▶ **Jeden Morgen putze ich mir die Zähne.**（毎朝私は歯を磨く。）

　ドイツ語で身体の部位が問題になるとき、それが「誰の」身体であるかを示すには、ふつう2格（や所有冠詞）ではなく3格を使います。たとえば「私はその子の手を洗ってあげる」であれば、① Ich wasche die Hände des Kindes. ではなく② Ich wasche dem Kind die Hände. となるわけです。ふつう「…の」という意味を担うのは2格（や所有冠詞）なので、これは少々変わったルールに思えるのですが、こう考えてみてください。①の die Hände des Kindes という表現は、「その子」ではなく「その子の手」だけを強調した言い方です。たとえば「その子」と「その子のカバン」が別物であるように、まるで「その子」とは独立して「その子の手」が存在しているかのような（かなりホラーな）印象を与えてしまいかねません。これに対して②の場合、直訳すれば「私はその子に（＝その子のために）手を洗ってあげる」という意味ができあがることで、先ほどの問題はうまく回避されています。「身体の部位はその所有者の一部ではあるけれども、所有者自身と完全に同一ではない」というこの微妙な事態を言語的にうまく処理するためのこうした3格の用法は、文法用語で「所有の3格」と呼ばれています。

練習問題

● 日本語を参考に、 _____ の中から身体の部位を表す適切な語を選んで（　）に補いましょう。

Auge, Haar, Hand, Kopf, Nase, Ohr, Rücken, Zunge

1. Alle sind ganz（　　　）und（　　　）.　皆が集中して聞いている。

2. Die Nachricht habe ich aus zweiter（　　　　）bekommen.
   そのニュースを私は人づてに聞いた。

3. Sie haben alle Tatsachen auf den（　　　　）gestellt.
   連中はすべての事実をねじ曲げた。

4. Sie liegt auf dem（　　　　）.　彼女は仰向けに横たわっている。

5. Um ein（　　　　）hätte ich mir den Finger geschnitten.
   あやうく自分の指を切ってしまうところだった。

6. Er trägt die（　　　　）hoch.　彼はうぬぼれている。

7. Sie redet oft mit gespaltener（　　　　）.　彼女はよく二枚舌を使う。

単語	単2・複1	意味
der Advent	-(e)s/-e	男 アドベント、待降節
der Ausflug	-(e)s/Ausflüge	男 遠足
das Ballet	-(e)s/-e	中 バレエ
die Erzählung	-/-en	女 物語
der Feiertag	-(e)s/-e	男 祝祭日
die Ferien		複 休暇
das Fest	-(e)s/-e	中 祭り
der Film	-(e)s/-e	男 映画
die Flöte	-/-n	女 フルート
die Freizeit	-/-en	女 余暇
der Fußball	-(e)s/Fußbälle	男 サッカー
die Geige	-/-n	女 ヴァイオリン
das Gemälde	-s/-	中 絵画
die Gitarre	-/-n	女 ギター
das Hobby	-s/-s	中 趣味
das Instrument	-(e)s/-e	中 楽器
das Klavier	-s/-e	中 ピアノ
das Konzert	-(e)s/-e	中 コンサート
die Kultur	-/-en	女 文化
die Kunst	-/Künste	女 芸術
das Kunstwerk	-(e)s/-e	中 芸術作品
das Lied	-(e)s/-er	中 歌
die Literatur	-/-en	女 文学
die Lust	-/Lüste	女 欲求、〜したい気持ち
die Mannschaft	-/-en	女 チーム
das Märchen	-s/-	中 メルヘン（童話や民話など）

31

単語	単2・複1	意味
die Musik	-/	女 音楽
das Neujahr	-(e)s/	中 元日、新年
das Orchester	-s/-	中 オーケストラ
das Ostern	-/-	中 イースター、復活祭
die Party	-/-s	女 パーティ
der Plan	-(e)s/Pläne	男 計画
das Publikum	-s/Publika	中 観客、公衆
die Reise	-/-n	女 旅行
der Roman	-s/-e	男 長編小説
die Ruhe	-/	女 休息
die Sendung	-/-en	女 番組
der / das Silvester	-(s)/-	男・中 大晦日
der Ski	-s/-er	男 スキー
der Spaß	-es/Späße	男 楽しみ
die Spazierfahrt	-/-en	女 ドライブ
der Spaziergang	-(e)s/Spaziergänge	男 散歩
das Spiel	-(e)s/-e	中 試合
der Sport	-(e)s/-e	男 スポーツ
der Tanz	-es/Tänze	男 ダンス
das Taschengeld	-(e)s/-er	中 小遣い
das Tennis	-/	中 テニス
der Termin	-(e)s/-e	男 （会合の）約束
der Urlaub	-(e)s/-e	男 休暇
die Verabredung	-/-en	女 約束
das Weihnachten	-/-	中 クリスマス、降誕祭
das Werk	-(e)s/-e	中 作品
die Zeit	-/-en	女 時間、時代、ひま
das Zelt	-(e)s/-e	中 テント

【 スポーツの名前 】

der Baseball	男 野球	das Tischtennis	中 卓球
das Boxen	中 ボクシング	das Turnen	中 体操
der Eislauf	男 スケート	der Volleyball	男 バレーボール
der Marathon	男 マラソン		

【 楽器の名前 】

der Flügel	男 グランドピアノ	die Orgel	女 パイプオルガン
die Harfe	女 ハープ	die Trommel	女 太鼓
das Horn	中 ホルン	die Trompete	女 トランペット
die Klarinette	女 クラリネット		

【 趣味にまつわる動詞表現 】

angeln gehen	釣りに行く	lesen	読書する
backen	パンを焼く	malen	絵を描く
essen gehen	食事に行く	reisen	旅行する
Fahrrad fahren	自転車に乗る	reiten	乗馬する
fechten	フェンシングをする	schwimmen	泳ぐ
fernsehen	テレビを見る	singen	歌う
fotografieren	写真を撮る	spazierenfahren	ドライブする
in die Oper gehen	オペラに行く	spazierengehen	散歩する
ins Kino / Konzert / Museum / Theater gehen	映画／コンサート／美術館／演劇に行く	spielen	遊ぶ、…をする
		Sport treiben	スポーツをする
		surfen	サーフィンする
joggen	ジョギングする	tanzen	踊る
Karten spielen	カードゲームをする	wandern	ハイキングする
kochen	料理する	zeichnen	スケッチする
laufen	走る		

1
32

例　文

▶ **Hast du Lust, mit uns ins Kino zu gehen?**
（私たちと一緒に映画に行く気はある？）

▶ **Morgen findet in der Halle ein Konzert statt.**
（明日このホールでコンサートがある。）

▶ **Viel Spaß!**（楽しんでね！）

　ドイツ語で「趣味」を話題にするとき、とても使い勝手のよい単語が gern「好んで」という副詞です。「私は〜します」（例：Ich spiele Gitarre.）という文章に一言、この gern を添えるだけで、「私は好んで〜します」＝「私は〜するのが好きです」（例：Ich spiele *gern* Gitarre.）という文章を簡単につくることができます。

　もう一つ、もっとストレートに「私の趣味は〜です」Mein Hobby ist ... という形で説明するときにもコツがあります。ドイツ語の動詞は、不定詞の頭文字を大文字にすると、そのままの形で「〜すること」を意味する中性名詞として使えるので、趣味をいうときにもこのルールを応用できます。たとえば「私の趣味は水泳です」は、Ich schwimme gern. でも Mein Hobby ist Schwimmen. でもいいわけです。

　このように、趣味について話すときは名詞だけでなく動詞もポイントになるので、それぞれの名詞と組み合わせる動詞の種類にも気をつけるようにしましょう。

練習問題

● ◻◻◻◻の中から適切な動詞を選んで（　）に補い、文の意味を考えましょう。ただし、時制はすべて現在形で、動詞は適切な形に変えること。

| fahren, gehen, hören, lesen, spielen, spielen, surfen, treiben |

1. Wir（　　　　　　）gern klassische Musik.

2. Du（　　　　　　）sehr gut Tischtennis!

3. Können Sie Gitarre（　　　　　　）?

4. Meine Schwester（　　　　　　）viele Bücher.

5. In seiner Freizeit（　　　　　　）er oft im Internet.

6. Klara（　　　　　　）dreimal in der Woche Sport.

7. Jeden Winter fahren sie in die Schweiz, um Ski zu（　　　　　　）.

8. An diesem Wochenende（　　　　　　）ich mit ihm essen.

10 旅行・交通

単語	単2・複1	意味
die Ampel	-/-n	女 信号
das Ausland	-(e)s/	中 外国
das Auto	-s/-s	中 自動車
die Autobahn	-/-en	女 アウトバーン、高速道路
die Bahn	-/-en	女 鉄道
der Bahnhof	-(e)s/Bahnhöfe	男 駅
die Brücke	-/-n	女 橋
der Bus	-ses/-se	男 バス
das Deutsch	-s/	中 ドイツ語
der / die Deutsche	形容詞変化	男・女 ドイツ人
das Deutschland		中 [地名] ドイツ
das Dorf	-(e)s/Dörfer	中 村
das Europa		中 [地名] ヨーロッパ
das Fahrrad	-(e)s/Fahrräder	中 自転車
der Flughafen	-s/Flughäfen	男 空港
das Flugzeug	-(e)s/-e	中 飛行機
die Fremdsprache	-/-n	女 外国語
der Fußgänger	-s/-	男 歩行者
die Gegend	-/-en	女 地方
das Gepäck	-(e)s/	中 荷物
der Hafen	-s/Häfen	男 港
die Heimat	-/-en	女 故郷
das Hotel	-s/-s	中 ホテル
der Koffer	-s/-	男 スーツケース
die Kreuzung	-/-en	女 交差点
das Land	-(e)s/Länder	中 国、州

単語	単2・複1	意味
die Landkarte	-/-n	女 地図
die Mitte	-/-n	女 中心
das Motorrad	-(e)s/Motorräder	中 バイク
der Norden	-s/	男 北
der Osten	-s/	男 東
das Paket	-(e)s/-e	中 小包
der Pass	-es/Pässe	男 パスポート
die Reise	-/-n	女 旅行
die Richtung	-/-en	女 方向
das Schiff	-(e)s/-e	中 船
die Stadt	-/Städte	女 町
die Stadtmitte	-/-n	女 町の中心部
der Stadtplan	-(e)s/Stadtpläne	男 市街地図
die Straße	-/-n	女 通り
der Süden	-s/	男 南
das Taxi	-s/-s	中 タクシー
das Ticket	-s/-s	中 切符、入場券
der Tourist / die Touristin	-en/-en*	男・女 旅行者
die U-Bahn	-/-en	女 地下鉄
der Unfall	-(e)s/Unfälle	男 事故
der Verkehr	-(e)s/-e	男 交通
die Verspätung	-/-en	女 遅れ
der Wagen	-s/-	男 車、荷車、馬車
der Weg	-(e)s/-e	男 道
die Welt	-/-en	女 世界
der Westen	-s/	男 西
das Ziel	-(e)s/-e	中 目的地、目標
der Zug	-(e)s/Züge	男 列車

＊単数2格と複数1格は男性名詞の場合を記載。女性形の場合、複数形の語尾は -nen となる。

単語プラスα

【 ドイツ語圏の国々 】

Liechtenstein	リヒテンシュタイン	Österreich		オーストリア
Luxemburg	ルクセンブルク	die Schweiz	女	スイス

【 その他の国名 】

Amerika (USA)	アメリカ	Korea		朝鮮（韓国・北朝鮮）
China	中国	die Niederlande	複	オランダ
Dänemark	デンマーク	Polen		ポーランド
England	イギリス	Russland		ロシア
Frankreich	フランス	Schweden		スウェーデン
der Irak	男 イラク	Spanien		スペイン
Italien	イタリア	Tschechien		チェコ
Japan	日本	die Ukraine	女	ウクライナ

【 交通関係 】

der Bahnsteig	男 プラットホーム	der ICE (Intercity-Express)	男	都市間超特急
die Fahrkarte	女 切符	der Lkw (Lastkraftwagen)	男	トラック
das Gleis	中 番線	der Schaffner	男	車掌
die Haltestelle	女 停留所	die Sperre	女	改札口
der Hauptbahnhof	男 中央駅	die Straßenbahn	女	市電

【 場所・方向を表す副詞 】

da	そこで	links	左に
direkt	じかに	rechts	右に
dort	あそこで	rückwärts	後ろへ
draußen	外で	vorwärts	前へ
geradeaus	まっすぐ	weiter	先へ
hier	ここで	zurück	戻って
hierher	こちらへ		

例 文

▶ **Kennen Sie die Deutschen dort?**（あそこにいるドイツ人たちをご存じですか？）

▶ **Nimmst du ein Taxi?**（タクシーに乗るの？）

▶ **Der Zug hat zwanzig Minuten Verspätung.**（その列車は20分遅れている。）

目的地は zu？ nach？ in？

ドイツ語で旅の目的地をいうときには、使用する前置詞に注意が必要です。どこへ行くにも to が使える英語とは違い、ドイツ語の場合は目的地の性質に応じて組み合わせる前置詞が変わるからです。

まず、英語の to にあたる zu ですが、これが使える場面は意外と限定されていて、基本的には目的地が人やお店の場合です（例：Ich gehe zu meinem Onkel.）。それとは違って、目的地が国や町といった地名（固有名詞）の場合は nach を使います（例：Ich fahre nach Frankfurt.）。ただし、一部の「冠詞がつく地名」は例外なので要注意。その場合は、in＋4格で目的地を表します（例：Ich möchte in die Ukraine reisen.）。これ以外のさまざまな施設・建物などが目的地の場合には、zu や in を使ったり他の3・4格支配の前置詞を使ったりとケースバイケースなので、少しずつ慣れていくしかありませんが、まずは上記の基本ルールをしっかり覚えておきましょう。

練習問題

● 地図を見ながら、（ ）に適切な語を補って、目的地まで道案内する文章を完成させましょう。なお、7.「衣服・住居・施設」の単語も適宜参考にしてください。

Sie müssen zunächst geradeaus gehen und an der (　　　　　)
nach rechts. Wenn Sie dann noch weiter gehen und an der
nächsten (　　　　　) links abbiegen, sehen Sie eine große
Bibliothek auf der linken Straßenseite und auf der anderen Seite
ein kleines (　　　　　). Daneben kann man die Bäckerei finden.

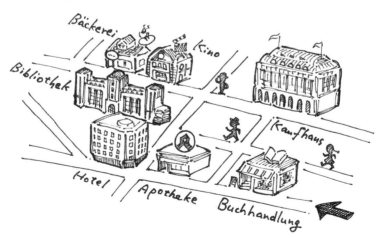

11 日用品

単語	単2・複1	意味
der Ball	-(e)s/Bälle	男 ボール
das Bett	-(e)s/-en	中 ベッド
die Bibel	-/-n	女 聖書
das Bild	-(e)s/-er	中 絵、写真
der Brief	-(e)s/-e	男 手紙
der Computer	-s/-	男 パソコン
die Decke	-/-n	女 掛け布団
die Dusche	-/-n	女 シャワー
der Fernseher	-s/-	男 テレビ
das Foto	-s/-s	中 写真
das Geld	-(e)s/-er	中 お金
das Geschenk	-(e)s/-e	中 プレゼント
das Handtuch	-(e)s/Handtücher	中 タオル
das Handy	-s/-s	中 携帯電話
der Kalender	-s/-	男 カレンダー、暦
die Kamera	-/-s	女 カメラ
der Kamm	-(e)s/Kämme	男 くし
die Karte	-/-n	女 カード
der Kasten	-s/Kästen	男 箱
das Kissen	-s/-	中 枕
die Klimaanlage	-/-n	女 エアコン
der Kühlschrank	-(e)s/Kühlschränke	男 冷蔵庫
die Lampe	-/-n	女 ランプ
das Licht	-(e)s/-er	中 明かり
die Maschine	-/-n	女 機械

単語	単2・複1	意味
das Möbel	-s/-	中 （ふつう複数で）家具
das Portemonnaie	-s/-s	中 財布
die Postkarte	-/-n	女 はがき
die Puppe	-/-n	女 人形
das Radio	-s/-s	中 ラジオ
das Regal	-s/-e	中 棚、本棚
der Schirm	-(e)s/-e	男 傘
der Schlüssel	-s/-	男 鍵
der Schrank	(e)s/Schränke	男 戸棚、キャビネット
die Seife	-/-n	女 石鹸
der Sessel	-s/-	男 肘掛け椅子
das Smartphone	-s/-s	中 スマートフォン
das Sofa	-s/-s	中 ソファ
der Spiegel	-s/-	男 鏡
das Spielzeug	-(e)s/-e	中 おもちゃ
der Stuhl	-(e)s/Stühle	男 椅子
die Tablette	-/-n	女 錠剤
das Telefon	-s/-e	中 電話
der Teppich	-s/-e	男 絨毯
der Tisch	-(e)s/-e	男 机、テーブル
das Tuch	-(e)s/Tücher	中 布
die Uhr	-/-en	女 時計
die Vase	-/-n	女 花瓶
die Waschmaschine	-/-n	女 洗濯機
der Wecker	-s/-	男 目覚まし
die Zeitschrift	-/-en	女 雑誌
die Zeitung	-/-en	女 新聞
die Zigarette	-/-n	女 タバコ

【 コンピュータ用語（名詞）】

der Anhang	男 添付ファイル	das File	中 ファイル
der Bildschirm	男 ディスプレイ	das Internet	中 インターネット
die Datei	女 データファイル	die Maus	女 マウス
der Drucker	男 プリンター	die Tastatur	女 キーボード
das DVD-Laufwerk	中 DVDドライブ	der USB-Stick	男 USBスティック
die E-Mail	女 Eメール	die Webseite	女 ウェブサイト

【 コンピュータ用語（動詞）】

anhängen	添付する	kopieren	コピーする
ausschneiden	切り取る	löschen	消去する
drucken	印刷する	öffnen	開く
einfügen	貼り付ける	schließen	閉じる
herunterladen	ダウンロードする	speichern	保存する
hochladen	アップロードする	umbenennen	名前を変更する

【 電化製品 】

der Apparat	男 機器	die Spülmaschine	女 食洗機
die Batterie	女 電池	der Staubsauger	男 掃除機
die Elektrizität	女 電気、電力	die Steckdose	女 コンセント
die Mikrowelle	女 電子レンジ	das Thermometer	中 温度計

36

例　文

▶ **Langsam gehen wir ins Bett.** （そろそろ休みに行こう。）

▶ **Ich habe meinen Schlüssel verloren.** （鍵を失くしてしまった。）

▶ **Stellen Sie bitte das Sofa neben den Schrank!**
（ソファをその戸棚の横に置いてください！）

▶ **Das Telefon klingelt schon lange.** （電話がもう長いあいだ鳴っている。）

▶ **Unsere Waschmaschine ist nun doch kaputt.** （私たちの洗濯機はついに壊れた。）

▶ **Meine Mutter liest jeden Morgen Zeitung.** （私の母は毎朝新聞を読む。）

英語化するドイツ語

　日本語のなかのカタカナ語と同じように、ドイツ語のなかにも外来語がたくさん紛れ込んでいます。別の章のコラムで紹介している -ieren で終わる動詞（→67ページ）もその一例ですが、もっと自由な形で取り込まれている外来語も存在します。とくに目立つのは、皮肉を込めて「Denglisch（=Deutsch+Englisch）」と呼ばれることもある英語からの借用語です。

　動詞でいえば、canceln（キャンセルする）、chatten（チャットする）、checken（チェックする）、managen（マネージメントする）、googeln（ググる）など。ちょっと謝るときにはドイツ語でも Sorry! と言いますし、「オンラインで」何かをするときには online という副詞を使います。これらの単語はすでにドイツ語の辞典にも載っているので、いまやドイツ語として定着しているのかもしれません。ちなみに、herunterladen の代わりに downloaden を使うときは過去分詞に要注意。これは分離動詞ではないので、現在形では Ich downloade das File. となるのですが、辞書によると Ich habe das File gedownloadet. は間違いだそうです（正しくは downgeloadet）。

練習問題

● 次の下線部の日用品がどこにあるか、絵を見ながら考えましょう。

1. Der Brief liegt auf dem Tisch.

2. Der Kalender hängt über dem Sofa.

3. Der Koffer steht zwischen dem Regal und dem Fernseher.

12 🎧 動物・植物・自然

単語	単2・複1	意味
der Affe	-n/-n	男 サル
der Bach	-(e)s/Bäche	男 小川
der Bär	-en/-en	男 クマ
der Baum	-(e)s/Bäume	男 木
der Berg	-(e)s/-e	男 山
das Blatt	-(e)s/Blätter	中 葉
die Blume	-/-n	女 花（草）
die Blüte	-/-n	女 花（木）
die Erde	-/-n	女 地球、大地
das Feld	-(e)s/-er	中 野、畑
das Feuer	-s/-	中 火
der Fisch	-(e)s/-e	男 魚
der Fluss	-es/Flüsse	男 川
das Gras	-es/Gräser	中 草
das Holz	-es/Hölzer	中 木材
der Hügel	-s/-	男 丘
der Hund	-(e)s/-e	男 イヌ
die Insel	-/-n	女 島
die Katze	-/-n	女 ネコ
die Kuh	-/Kühe	女 ウシ（乳牛）
das Land	-(e)s/	中 陸、田舎
die Landschaft	-/-en	女 景色
das Leben	-s/-	中 生命、生活、人生
der Löwe	-n/-n	男 ライオン
die Luft	-/Lüfte	女 空気

単語	単2・複1	意味
die Maus	-/Mäuse	女 ネズミ
das Meer	-(e)s/-e	中 海
die Muschel	-/-n	女 貝
die Natur	-/-en	女 自然
das Pferd	-(e)s/-e	中 ウマ
die Pflanze	-/-n	女 植物
die Quelle	-/-n	女 泉
das Schaf	-(e)s/-e	中 ヒツジ
der Schatten	-s/-	男 影
der See	-s/-n	男 湖
die See	-/-n	女 海
der Stamm	-(e)s/Stämme	男 幹
der Stein	-(e)s/-e	男 石
der Strand	-(e)s/Strände	男 浜辺
das Tal	-(e)s/Täler	中 谷
das Tier	-(e)s/-e	中 動物
der Tod	-(e)s/-e	男 死
das Ufer	-s/-	中 岸
die Umwelt	-/-en	女 環境
der Umweltschutz	-es/-e	男 環境保護
der Vogel	-s/Vögel	男 鳥
der Wald	-(e)s/Wälder	男 森
das Wasser	-s/-	中 水
die Welle	-/-n	女 波
die Wiese	-/-n	女 牧草地
die Wurzel	-/-n	女 根
die Wüste	-/-n	女 砂漠、荒野
der Zweig	-(e)s/-e	男 枝

【 動物の種類 】

der Aal	男 ウナギ	das Kalb	中 子牛
der Adler	男 ワシ	der Kater	男 雄猫
die Ameise	女 アリ	der Krebs	男 ザリガニ
die Biene	女 ミツバチ	das Lamm	中 子羊
der Dachshund	男 ダックスフント	der Maulwurf	男 モグラ
der Drache	男 竜	die Möwe	女 カモメ
die Ente	女 カモ	der Rabe	男 カラス
der Esel	男 ロバ	das Rind	中 ウシ
die Eule	女 フクロウ	die Schlange	女 ヘビ
die Fliege	女 ハエ	der Schmetterling	男 チョウ
die Forelle	女 マス	die Schnecke	女 カタツムリ
der Frosch	男 カエル	der Schwan	男 ハクチョウ
der Fuchs	男 キツネ	das Schwein	中 ブタ
die Gans	女 ガチョウ	die Spinne	女 クモ
die Grille	女 コオロギ	die Taube	女 ハト
der Hase	男 ノウサギ	der Tiger	男 トラ
der Hirsch	男 シカ	der Wolf	男 オオカミ
das Huhn	中 ニワトリ	der Wurm	男 虫（ミミズなど）
der Igel	男 ハリネズミ	die Ziege	女 ヤギ
der Käfer	男 甲虫（カブトムシなど）		

【 植物の種類 】

die Buche	女 ブナ	das Moos	中 コケ
die Eiche	女 カシ	der Pilz	男 キノコ
die Lilie	女 ユリ	die Rose	女 バラ
die Linde	女 シナノキ（菩提樹）	die Sonnenblume	女 ヒマワリ
der Löwenzahn	男 タンポポ	die Tanne	女 モミ
die Kastanie	女 マロニエ	das Veilchen	中 スミレ

《 例 文 》

▶ **Alle betrauerten seinen Tod.** （皆が彼の死を悼んだ。）

▶ **Wir sind ans andere Ufer geschwommen.** （私たちは向こう岸まで泳いだ。）

▶ **Sie bekam einen Apfel von der Schlange.** （彼女はヘビからリンゴをもらった。）

「虫」は「動物」？

　ドイツ語で「動物」を意味する Tier には、日本語の「動物」よりもずっと広い範囲の生き物が含まれます。イヌやネコといったいわゆる「動物」だけでなく、ハトやカラスといった「鳥」も、ウナギやマスといった「魚」も、さらにはハチやクモといった「虫」も、ドイツ語ではすべて Tier です。もともと「息をする」という言葉に由来する Tier は、生きて動き回るものであればどんな生き物のことも指すのです。ただし、同じ生き物ではあっても、自由に動くことのできない「植物 Pflanze」は「動物」には含まれません。ドイツ語の「動物」と「植物」の違いは、動く生き物と動かない生き物の違いだと考えておいていいでしょう。

練習問題

● 動物にまつわる次の成句表現が日本語のどの成句表現に対応するか、考えてみましょう。

1. einen Kater haben 　　　　　　　　　　　　　　[　　　　　]

2. Katzenwäsche machen 　　　　　　　　　　　　[　　　　　]

3. ein Wolf im Schafpelz 　　　　　　　　　　　　[　　　　　]

4. Schwein haben 　　　　　　　　　　　　　　　[　　　　　]

5. ein Esel in der Löwenhaut 　　　　　　　　　　[　　　　　]

6. Die gebratenen Tauben fliegen einem nicht ins Maul.

　　　　　　　　　　　　　　　　　　　　　　　[　　　　　]

ア．鳥の行水	エ．棚から牡丹餅はない
イ．虎の威を借る狐	オ．猫かぶり
ウ．運がいい	カ．二日酔い

抽象的な概念

単語	単2・複1	意味
der Anfang	-(e)s/Anfänge	男 初め
die Angst	-/Ängste	女 不安
die Antwort	-/-en	女 答え
die Art	-/-en	女 やり方、種類
die Ästhetik	-/-en	女 美学
die Bedeutung	-/-en	女 意味
der Begriff	-(e)s/-e	男 概念
das Beispiel	-(e)s/-e	中 例
die Bitte	-/-n	女 頼み
das Ding	-(e)s/-e	中 物
das Ende	-s/-n	中 終わり
der Fall	-(e)s/Fälle	男 場合
die Farbe	-/-n	女 色
der Fehler	-s/-	男 誤り
die Frage	-/-n	女 問い
die Freude	-/-n	女 喜び
der Frieden	-s/-	男 平和
die Geburt	-/-en	女 誕生
die Gegenwart	-/	女 現在、現前
die Gelegenheit	-/-en	女 機会
die Gesellschaft	-/-en	女 社会
das Gespräch	-(e)s/-e	中 会話
die Gewalt	-/-en	女 暴力
das Glück	-(e)s/-e	中 幸福、幸運
der Gott	-(e)s/Götter	男 神

39 ①

単語	単2・複1	意味
die Hilfe	-/-n	女 助け
die Hoffnung	-/-en	女 希望
die Idee	-/-n	女 考え、理念
die Jugend	-/	女 青春
die Kraft	-/Kräfte	女 力
der Krieg	-(e)s/-e	男 戦争
die Liebe	-/-n	女 愛
die Lüge	-/-n	女 嘘
die Macht	-/Mächte	女 権力
die Meinung	-/-en	女 意見
der Mensch	-en/-en	男 人間
die Möglichkeit	-/-en	女 可能性
die Nachricht	-/-en	女 ニュース
die Politik	-/-en	女 政治
das Recht	-(e)s/-e	中 権利、法
die Sache	-/-n	女 事柄、案件
der Schluss	-es/Schlüsse	男 終わり、結論
die Schuld	-/-en	女 罪、責任
der Staat	-(e)s/-en	男 国家
der Traum	-(e)s/Träume	男 夢
der Unterschied	-(e)s/-e	男 違い
die Vergangenheit	-/-en	女 過去
das Volk	-(e)s/Völker	中 国民、民族、大衆
die Vorsicht	-/	女 注意、用心
die Wahrheit	-/-en	女 真実、真理
die Weise	-/-n	女 やり方、方法
der Wunsch	-(e)s/Wünsche	男 望み
die Zukunft	-/Zukünfte	女 未来

【形】

der Bogen	男 弧、弓	der Kugel	男 球
das Dreieck	中 三角形	die Linie	女 線
die Ecke	女 角	der Punkt	男 点
die Fläche	女 平面	das Quadrat	中 正方形
die Form	女 形	die Reihe	女 列
der Kreis	男 円	die Spitze	女 先端
das Kreuz	中 十字架	der Würfel	男 立方体、サイコロ

【量・程度】

die Hälfte	女 半分	die Stufe	女 段階
das Niveau	中 水準	der Teil	男 部分
das Paar	中 ペア	das Viertel	中 4分の1

【社会・政治・宗教】

der Bericht	男 報告、報道	die Partei	女 政党
die Bewegung	女 運動	die Person	女 人、人員、人格
das Christentum	中 キリスト教	das Problem	中 問題
der Engel	男 天使	die Religion	女 宗教
die Freiheit	女 自由	die Sicherheit	女 安全、保障
die Freundschaft	女 友情	die Tat	女 行為
das Gebet	中 祈り	die Tatsache	女 事実
die Gerechtigkeit	女 正義	der Teufel	男 悪魔
das Gesetz	中 法律	die Verantwortung	女 責任
der Glaube	男 信仰	die Verbindung	女 結びつき、関係
die Gleichheit	女 平等	die Versicherung	女 保険
der Journalismus	男 ジャーナリズム	die Wahl	女 選択、選挙
die Messe	女 ミサ、見本市	die Wirtschaft	女 経済

例　文

▶ **Zum Beispiel können Politiker die Wahrheit auch leicht verbergen.**

（たとえば政治家は真実を容易に隠蔽することもできる。）

▶ **Auf jeden Fall gibt es eine zweite Gelegenheit.**

（いずれにせよ次の機会はある。）

コ ラ ム　女性名詞の見分け方

　抽象的なものを表すドイツ語の名詞のなかには、女性名詞が数多く見られます。男性・中性名詞とは違い、とくに女性名詞の場合には単語の語尾の形（接尾辞）から性別を判別できるものも多いので、典型的なパターンをいくつか覚えておくとよいでしょう。たとえば、-heit, -keit, -schaft は、名詞・形容詞などにつけて抽象的・集合的な意味を表す女性名詞をつくる接尾辞です（Frei*heit*, Möglich*keit*, Freund*schaft* など）。また、-ung は動詞の語幹につけて「～すること」を意味する女性名詞をつくる接尾辞です（Bedeut*ung*, Versicher*ung* など）。

　このように、複数の単語に適用可能な汎用性のある知識を身につけることで、語彙力は飛躍的に高まります。単語を覚えるときは、一つ一つの単語を構成しているパーツの細部にも注目する習慣をつけていきましょう。

練習問題

● 次の名詞のもとになっている動詞や形容詞を考えてみましょう。

1. Anfang

2. Begriff

3. Bewegung

4. Bitte

5. Freude

6. Gerechtigkeit

7. Gesetz

8. Gespräch

9. Glaube

10. Hilfe

11. Schluss

12. Sicherheit

13. Teil

14. Unterschied

15. Verantwortung

16. Wahl

文法まとめ

Ⅰ 動詞（Verb）

1. 現在人称変化

	単数		複数	
1人称	ich	-e	wir	-en
2人称	du	-st	ihr	-t
3人称	er	-t	sie	-en

(1) 規則動詞

	①lernen	②finden	③warten	④reisen	⑤tanzen	⑥handeln
ich	lerne	finde	warte	reise	tanze	**handle**
du	lernst	**findest**	**wartest**	**reist**	**tanzt**	handelst
er	lernt	**findet**	**wartet**	reist	tanzt	handelt
wir	lernen	finden	warten	reisen	tanzen	handeln
ihr	lernt	**findet**	**wartet**	reist	tanzt	handelt
sie	lernen	finden	warten	reisen	tanzen	handeln
Sie	lernen	finden	warten	reisen	tanzen	handeln

(2) 不規則動詞

	⑦sein	⑧haben	⑨fahren	⑩sprechen	⑪sehen	⑫nehmen	⑭wissen
ich	**bin**	habe	**fahre**	spreche	sehe	nehme	**weiß**
du	**bist**	**hast**	**fährst**	**sprichst**	**siehst**	**nimmst**	**weißt**
er	**ist**	**hat**	**fährt**	**spricht**	**sieht**	**nimmt**	**weiß**
wir	**sind**	haben	fahren	sprechen	sehen	nehmen	wissen
ihr	**seid**	habt	fahrt	sprecht	seht	nehmt	wisst
sie	**sind**	haben	fahren	sprechen	sehen	nehmen	wissen
Sie	**sind**	haben	fahren	sprechen	sehen	nehmen	wissen

2. 動詞の位置

● 定動詞第2位の原則：

　　Er **lernt** jetzt Deutsch.　　彼はいまドイツ語を勉強している。

　　Jetzt **lernt** er Deutsch.　　いま彼はドイツ語を勉強している。

● ただし、副文（従属の接続詞や関係詞に導かれた文）の場合、定動詞は文末：

　　Ich weiß, dass er jetzt Deutsch **lernt.**

　　彼がいまドイツ語を勉強していることを私は知っている。

3. 3基本形

規則動詞	不定詞	―	過去基本形	―	過去分詞
	-en		**-te**		**ge-t**

54

4. 時制

（1）過去形：過去人称変化

不定詞	lernen	sein	sehen	haben	finden	lassen
過去基本形	lernte	war	sah	hatte	fand	ließ
ich -	lernte	war	sah	hatte	fand	ließ
du -**st**	lernte**st**	war**st**	sah**st**	hatt**est**	fand**est**	ließ**est**
er -	lernte	war	sah	hatte	fand	ließ
wir -(e)**n**	lernte**n**	ware**n**	sahe**n**	hatte**n**	fande**n**	ließe**n**
ihr -**t**	lerne**t**	war**t**	sah**t**	hatt**et**	fand**et**	ließ**t**
sie -(e)**n**	lernte**n**	ware**n**	sahe**n**	hatte**n**	fande**n**	ließe**n**
Sie -(e)**n**	lernte**n**	ware**n**	sahe**n**	hatte**n**	fande**n**	ließe**n**

（2）未来形：未来の助動詞 werden ＋ 不定詞

Ich **werde** sicher einmal nach Deutschland **fahren**.　私はいつかドイツに行くつもりだ。

（3）現在完了：完了の助動詞 haben または sein の現在人称変化 ＋ 過去分詞

Hast du das Buch schon **gelesen**?　きみはその本をもう読んだの？

Er **ist** gestern in Hamburg **angekommen**.　彼は昨日ハンブルクに到着した。

（4）過去完了：完了の助動詞 haben または sein の過去人称変化＋ 過去分詞
＊過去のある時点より前に起きた事柄を表す

Wir **hatten** uns bereits vor 2010 **kennengelernt**.
私たちはすでに2010年より以前に知り合っていた。

Als ich zum Bahnhof kam, **war** der Zug schon **abgefahren**.
私が駅に着いたとき、その列車はもう発車してしまっていた。

（5）未来完了：未来の助動詞 werden ＋ 完了不定詞（過去分詞＋ haben または sein）
＊未来のある時点までに完了している事柄　または　過去の事柄についての推量を表す

Sie **wird** bis nächste Woche den Roman **gelesen haben**.
彼女は来週までにはその長編小説を読み終えているだろう。

Sie **werden** gestern in Frankfurt **angekommen sein**.
彼らは昨日にはフランクフルトに着いていたのだろう。

5. 受動文

（1）基本的な作り方：受動の助動詞 werden ＋ 過去分詞

（能動文）Der Schriftsteller **schreibt** einen Roman.　その作家は一冊の長編小説を書く。

（受動文）Ein Roman **wird** von dem Schriftsteller **geschrieben**.
一冊の長編小説がその作家によって書かれる。

（2）受動文の時制

現在	Ein Roman **wird** von dem Schriftsteller **geschrieben**.
過去	Ein Roman **wurde** von dem Schriftsteller **geschrieben**.
未来	Ein Roman **wird** von dem Schriftsteller **geschrieben werden**.
現在完了	Ein Roman **ist** von dem Schriftsteller **geschrieben worden.**
過去完了	Ein Roman **war** von dem Schriftsteller **geschrieben worden**.
未来完了	Ein Roman **wird** von dem Schriftsteller **geschrieben worden sein.**

（3）自動詞の受動文

（能動文）　Ein Kind **hilft** ihm.　ひとりの子どもが彼を手伝う。

→　（受動文）　Es **wird** ihm von einem Kind **geholfen**.
　　　　　　　彼はひとりの子どもに手伝ってもらう。
　　　　　　　（＝Ihm wird von einem Kind geholfen.）
　　　　　　　＊ es は自動詞の受動文を作るための形式上の主語で、文頭以外では省略される

（4）状態受動

（a）動作受動　Das Geschäft **wird** um sieben Uhr **geschlossen**.　店は7時に閉まる。

（b）状態受動　Das Geschäft **ist** schon **geschlossen**.　店はすでに閉まっている。

6. 命令文

不定詞 -en	duに対して -(e)!	ihrに対して -t!	Sieに対して -en Sie!
sagen	sag(e)!	sagt!	sagen Sie!
sprechen	**sprich!**	sprecht!	sprechen Sie!
sein	**sei** ...!	**seid** ...!	**seien** Sie ...!

7. 分離動詞

3基本形	不定詞	過去基本形	過去分詞
	an|kommen	kam ... an	angekommen
	auf|machen	machte ... auf	aufgemacht

● 定動詞第2位で分離　：Der Zug **kommt** um drei Uhr **an**.　列車は3時に到着する。

● 副文では分離しない：Ich weiß, dass der Zug um drei Uhr **ankommt**.
　　　　　　　　　　　列車が3時に到着することを私は知っている。

● 次の8つの前綴りは分離せず、非分離動詞を作る：
be-, emp-, ent-, er-, ge-, ver-, zer-, miss-

8. 再帰動詞

sich⁴ freuen 喜ぶ

ich freue **mich**	wir freuen **uns**
du freust **dich**	ihr freut **euch**
er freut **sich**	sie freuen **sich**

sich³ vorstellen 想像する

ich stelle **mir** … vor	wir stellen **uns** … vor
du stellst **dir** … vor	ihr stellt **euch** … vor
er stellt **sich** … vor	sie stellen **sich** … vor

9. 分詞

現在分詞：**不定詞＋ -d**　　　「～している」　　　　　　　lesend
　　　　＊ただし英語とは異なり、進行形の用法はない

過去分詞：（自動詞の場合）　「～した」　　　　　　　　　gelesen
　　　　　（他動詞の場合）　「～された」

未来分詞：**zu ＋現在分詞**　　「～されうる、～されねばならない」　zu lesend
　　　　＊未来分詞は付加語的用法のみ：
　　　　　das leicht **zu lesende** Buch　読みやすい本（＝容易に読まれうる本）

(1) 冠飾句

　　＊分詞にさらに副詞成分や目的語が組み合わさった長い修飾句を冠飾句といい、関係文と同様の働き
　　をする

　　die immer noch **blühenden** Rosen　　いまなお咲き誇っているバラ

　　der pünktlich in Berlin **angekommene** Zug　　定刻にベルリンに到着した列車

(2) 分詞構文

　　＊接続詞や主語を省いて現在分詞または過去分詞を用いた構文で、副文と同様の働きをする

　　Von ihren Worten tief **verletzt**, weinte er bitterlich.

　　彼らの言葉に深く傷つけられて、彼はひどく泣いた。

　　Ein frohes Lied **singend**, kamen die Kinder ins Zimmer.

　　楽しい歌を歌いながら、子どもたちが部屋に入ってきた。

10.　zu 不定詞（句）

　　stehen　→　**zu** stehen

　　um sechs Uhr aufstehen　→　um sechs Uhr auf**zu**stehen

(1) 主語として

　　Fremdsprachen **zu** lernen ist wichtig.　　外国語を学ぶことは大切だ。

　　（＝Es ist wichtig, Fremdsprachen **zu** lernen.）

(2) 目的語として

　　Wir haben vor, an dem Seminar teil**zu**nehmen.　　私たちはそのゼミに参加するつもりだ。

(3) 付加語として

　　Ich habe keine Lust, mit ihm ins Kino **zu** gehen.　　彼と一緒に映画に行く気はありません。

(4)　熟語表現

● um … zu 不定詞：「～するために」

　　Er kauft ein Wörterbuch, **um** Deutsch **zu** lernen.
　　彼はドイツ語を学ぶために辞書を買う。

● ohne ... zu 不定詞：「～することなしに」

　　Sie ging an ihm vorbei, **ohne** ein Wort **zu** sagen.
　　彼女は一言も言わずに彼のそばを通り過ぎた。

● statt … zu 不定詞：「～するかわりに」

　　Statt für die Prüfung **zu** lernen, geht er ins Konzert.
　　試験勉強をするかわりに、彼はコンサートに行く。

● sein ＋ zu 不定詞：「～されうる、～されねばならない」

　　Dieses Buch **ist** leicht **zu** lesen.
　　この本は読みやすい。

● haben ＋ zu 不定詞：「～しなければならない」

　　Ich **habe** diese Aufgabe sofort **zu** erledigen.
　　私はこの仕事をすぐに片づけなければならない。

11. 接続法

（1）接続法の形

（a）接続法第Ⅰ式：不定詞の語幹 ＋ -e に下記の語尾（過去人称変化と同じ）をつける

不定詞		lernen	haben	gehen	sein
ich	-	lerne	habe	gehe	**sei**
du	**-st**	lernest	habest	gehest	**sei(e)st**
er	-	lerne	habe	gehe	**sei**
wir	**-n**	lernen	haben	gehen	**seien**
ihr	**-t**	lernet	habet	gehet	**seiet**
sie	**-n**	lernen	haben	gehen	**seien**

（b）接続法第Ⅱ式：過去基本形 ＋ -e に下記の語尾（過去人称変化と同じ）をつける

＊ 過去基本形の語尾が -e で終わるものはそのまま
＊ 不規則変化動詞で語幹に a, o, u を含むものは、sollen, wollen を除いて変音（ウムラウト）する

不定詞		lernen	haben	gehen	sein
ich	-	lernte	hätte	ginge	wäre
du	**-st**	lerntest	hättest	gingest	wär(e)st
er	-	lernte	hätte	ginge	wäre
wir	**-n**	lernten	hätten	gingen	wären
ihr	**-t**	lerntet	hättet	ginget	wär(e)t
sie	**-n**	lernten	hätten	gingen	wären

（2）接続法の時制（＊現在・過去・未来・未来完了の4時制）

直説法				接続法第Ⅰ式	接続法第Ⅱ式
現在	er lernt		現在	**er lerne**	**er lernte**
現在完了	er hat gelernt				
過去	er lernte		過去	**er habe gelernt**	**er hätte gelernt**
過去完了	er hatte gelernt				
未来	er wird lernen		未来	**er werde lernen**	**er würde lernen**
未来完了	er wird gelernt haben		未来完了	er werde gelernt haben	er würde gelernt haben
現在	er geht		現在	**er gehe**	**er ginge**
現在完了	er ist gegangen				
過去	er ging		過去	**er sei gegangen**	**er wäre gegangen**
過去完了	er war gegangen				
未来	er wird gehen		未来	**er werde gehen**	**er würde gehen**
未来完了	er wird gegangen sein		未来完了	er werde gegangen sein	er würde gegangen sein

（3）接続法の用法

（a）要求話法　→　第Ⅰ式

Gott **sei** Dank!　ああ、よかった。（＝神に感謝あれ。）　　＊Dank に対する命令

Gehen wir ins Kino.　映画を見に行こう。　＊wir に対する命令（＝勧誘）

Man **nehme** täglich eine Tablette.　一日一錠を服用のこと。　＊man に対する命令

（b）間接話法　→　第Ⅰ式または第Ⅱ式

Er sagte mir, er **habe** sich erkältet.
彼は私に、自分は風邪をひいたのだと言った。　＊英語とは異なり、時制の一致はない

Er fragte sie, wann sie **zurückkomme**.　彼は彼女に、いつ戻ってくるのか尋ねた。

Er fragte mich, ob ich Student **sei**.　彼は私に、学生なのかと尋ねた。

Sie sagte mir, ich **solle** nicht so schnell essen.
彼女は私に、そんなに急いで食べるなと言った。

Sie sagte mir, ich **möge** Platz nehmen.　彼女は私に、腰を下ろすようにと言った。

(c) 非現実話法　→　第Ⅱ式

- 現在の事実に反する仮定：接続法現在
  Wenn ich Zeit **hätte**, **ginge** ich ins Kino.　時間があれば映画を観に行くのに。
  （＝Wenn ich Zeit hätte, **würde** ich ins Kino gehen.）
- 過去の事実に反する仮定：接続法過去
  Wenn ich Zeit gehabt **hätte**, **wäre** ich ins Kino gegangen.
  時間があったら映画を観に行ったのに。
- 外交的接続法（婉曲表現）
  Könnten Sie das Fenster aufmachen?　窓を開けていただけますか？

Ⅱ 名詞（Nomen）

1. 名詞の性・数・格

性：男性（*m.*）　女性（*f.*）　中性（*n.*）

数：単数（*sg.*）　複数（*pl.*）

格：1格（Nominativ），2格（Genitiv），3格（Dativ），4格（Akkusativ）

2. 冠詞と名詞の格変化

（1）定冠詞と

	m.	*f.*	*n.*	*pl.*
1格	**der** Mann	**die** Frau	**das** Kind	**die** Männer
2格	**des** Mann(**e**)**s**	**der** Frau	**des** Kind(**e**)**s**	**der** Männer
3格	**dem** Mann	**der** Frau	**dem** Kind	**den** Männer**n**
4格	**den** Mann	**die** Frau	**das** Kind	**die** Männer

（2）不定冠詞と

	m.	*f.*	*n.*
1格	**ein** Mann	**eine** Frau	**ein** Kind
2格	**eines** Mann(**e**)**s**	**einer** Frau	**eines** Kind(**e**)**s**
3格	**einem** Mann	**einer** Frau	**einem** Kind
4格	**einen** Mann	**eine** Frau	**ein** Kind

＊男性弱変化名詞：

Student（*m.*）-en / -en　　　　　　　Junge（*m.*）-n / -n

	sg.	*pl.*		*sg.*	*pl.*
1格	der Student	die Student**en**	1格	der Junge	die Junge**n**
2格	des Student**en**	der Student**en**	2格	des Junge**n**	der Junge**n**
3格	dem Student**en**	den Student**en**	3格	dem Junge**n**	den Junge**n**
4格	den Student**en**	die Student**en**	4格	den Junge**n**	die Junge**n**

3．複数形の作り方

(1) 無語尾型	¨	der Lehrer	→	die Lehrer	die Tochter	→	die Töchter
(2) e 型	¨e	der Freund	→	die Freunde	die Nacht	→	die Nächte
(3) er 型	¨er	das Lied	→	die Lieder	das Buch	→	die Bücher
(4) (e)n 型	- (e)n	die Frau	→	die Frauen			
(5) s 型	- s	das Hotel	→	die Hotels			

4．定冠詞類

aller（すべての）　dieser（この）　jeder（各々の）　jener（あの）　mancher（多くの）
solcher（そのような）　welcher（どの）

	m.	f.	n.	pl.
1格	dieser Mann	diese Frau	dieses Kind	diese Kinder
2格	dieses Mann(e)s	dieser Frau	dieses Kind(e)s	dieser Kinder
3格	diesem Mann	dieser Frau	diesem Kind	diesen Kindern
4格	diesen Mann	diese Frau	dieses Kind	diese Kinder

5．不定冠詞類

所有冠詞　mein（私の）　dein（君の）　sein（彼の、それの）　ihr（彼女の、彼らの）
　　　　　unser（私たちの）　euer（君たちの）　Ihr（あなたの、あなたたちの）

否定冠詞　kein（～でない）

	m.	f.	n.	pl.
1格	mein Vater	meine Mutter	mein Haus	meine Kinder
2格	meines Vaters	meiner Mutter	meines Hauses	meiner Kinder
3格	meinem Vater	meiner Mutter	meinem Haus	meinen Kindern
4格	meinen Vater	meine Mutter	mein Haus	meine Kinder

6．人称代名詞

	1人称	2人称	3人称			敬称2人称
1格	ich	du	er	sie	es	Sie
2格	*meiner*	*deiner*	*seiner*	*ihrer*	*seiner*	*Ihrer*
3格	mir	dir	ihm	ihr	ihm	Ihnen
4格	mich	dich	ihn	sie	es	Sie
1格	wir	ihr	sie			Sie
2格	*unser*	*euer*	*ihrer*			*Ihrer*
3格	uns	euch	ihnen			Ihnen
4格	uns	euch	sie			Sie

＊　人称代名詞の2格は2格支配の前置詞や動詞などとともに用いられ、所有の意味はない。
　　所有を表すのは所有冠詞（→「Ⅱ 5.」）

7．再帰代名詞

	sg.			pl.			敬称2人称
	1人称	2人称	3人称	1人称	2人称	3人称	
3格	mir	dir	**sich**	uns	euch	**sich**	**sich**
4格	mich	dich	**sich**	uns	euch	**sich**	**sich**

8. 指示代名詞

	_m._	_f._	_n._	_pl._
1格	der	die	das	die
2格	**dessen**	**deren**	**dessen**	**deren/derer**
3格	dem	der	dem	**denen**
4格	den	die	das	die

9. 疑問代名詞

1格	wer	was
2格	wessen	—
3格	wem	—
4格	wen	was

＊ 太字以外は定冠詞の変化と同じ

＊ _pl._ の derer は関係代名詞の先行詞としてのみ用いる：
  Die Namen derer, die mit ihm vor zehn Jahren im Englischkurs waren, hat er vergessen.
  10年前英語のクラスで一緒だった人たちの名前を彼は忘れてしまった。

10. 関係代名詞

（1）定関係代名詞

	_m._	_f._	_n._	_pl._
1格	der	die	das	die
2格	**dessen**	**deren**	**dessen**	**deren**
3格	dem	der	dem	**denen**
4格	den	die	das	die

（2）不定関係代名詞

1格	wer	was
2格	wessen	—
3格	wem	—
4格	wen	was

11. 不定代名詞

1格	man	einer	jemand	niemand	etwas	nichts
2格	eines	eines	jemand(e)s	niemand(e)s	—	—
3格	einem	einem	jemand(em)	niemand(em)	—	—
4格	einen	einen	jemand(en)	niemand(en)	etwas	nichts

12. 名詞の合成

＊合成してできた名詞の性は、後ろの名詞にならう

die Hausarbeit「宿題」 ＜ das Haus + die Arbeit

der Kriegsanfang「戦争の始まり」 ＜ der Krieg+ -s + der Anfang

das Warenangebot「商品の供給」 ＜ die Ware + -n + das Angebot

Ⅲ 形容詞（Adjektiv）

1. 形容詞の格変化

＊冠詞（類）や語尾だけでは性・数・格が区別できない場合に、形容詞語尾が強く変化する

（1）定冠詞（類）がつく場合（弱変化）

	_m._（大きな木）	_f._（小さな手）	_n._（赤い車）	_pl._（色とりどりの服）
1格	der große Baum	die kleine Hand	das rote Auto	die bunten Kleider
2格	des großen Baums	der kleinen Hand	des roten Autos	der bunten Kleider
3格	dem großen Baum	der kleinen Hand	dem roten Auto	den bunten Kleidern
4格	den großen Baum	die kleine Hand	das rote Auto	die bunten Kleider

＊ 男性・女性・中性1格、女性・中性4格の5か所のみ -e、それ以外はすべて -en

(2) 不定冠詞（類）がつく場合（混合変化）

	m.（若い教師）	f.（古い町）	n.（広い野原）	pl.（私の新しい靴）
1格	ein jung**er** Lehrer	eine alte Stadt	ein weit**es** Feld	meine neuen Schuhe
2格	eines jungen Lehrers	einer alten Stadt	eines weiten Feldes	meiner neuen Schuhe
3格	einem jungen Lehrer	einer alten Stadt	einem weiten Feld	meinen neuen Schuhen
4格	einen jungen Lehrer	eine alte Stadt	ein weit**es** Feld	meine neuen Schuhe

＊ 弱変化と同じく、男性・女性・中性1格、女性・中性4格の5か所以外のところはすべて -en の弱変化語尾
＊ 弱変化との違いに注意：不定冠詞（類）は男性1格と中性1・4格が同形となるため、そこだけ形容詞語尾が強変化することで違いを表現する

(3) 無冠詞の場合（強変化）

	m.（良いワイン）	f.（新鮮なミルク）	n.（冷たいビール）	pl.（きれいな花）
1格	gut**er** Wein	frisch**e** Milch	kalt**es** Bier	schön**e** Blumen
2格	gut**en** Wein**s**	frisch**er** Milch	kalt**en** Bier**s**	schön**er** Blumen
3格	gut**em** Wein	frisch**er** Milch	kalt**em** Bier	schön**en** Blumen
4格	gut**en** Wein	frisch**e** Milch	kalt**es** Bier	schön**e** Blumen

＊ 男性と中性の2格は名詞に -s の語尾がつき格が明示されるため、-en の弱変化語尾となる。それ以外は定冠詞類の格変化語尾と同じ

2. 形容詞の名詞化

	m.（ドイツ人男性）	f.（ドイツ人女性）	pl.（ドイツ人たち）	n.（重要なこと）
1格	der Deutsche	die Deutsche	die Deutschen	das Wichtige
2格	des Deutschen	der Deutschen	der Deutschen	des Wichtigen
3格	dem Deutschen	der Deutschen	den Deutschen	dem Wichtigen
4格	den Deutschen	die Deutsche	die Deutschen	das Wichtige

1格	ein Deutscher	eine Deutsche	Deutsche
2格	eines Deutschen	einer Deutschen	Deutscher
3格	einem Deutschen	einer Deutschen	Deutschen
4格	einen Deutschen	eine Deutsche	Deutsche

3. 形容詞と副詞の比較変化

(1) 比較級・最上級の作り方

reich , reich**er** , reich**st**　　　alt , **ä**lt**er** , **ä**lt**est**　　　dunkel , dun**kl**er , dunkel**st**

(2) 比較級・最上級の用法

(a) 述語的用法　Sie ist **fleißiger** als er.　彼女は彼よりも勤勉だ。

　　　　　　　　　Sie ist die **fleißigste** in der Klasse.　彼女はクラスで最も勤勉だ。

　　　　　　　　　Sie ist vor der Prüfung **am fleißigsten**.　彼女は試験前が最も勤勉だ。

(b) 付加語的用法　Sie ist die **fleißigste** Schülerin.　彼女は最も勤勉な生徒だ。

(c) 副詞的用法　Sie arbeitet **fleißiger** als er.　彼女は彼より勤勉に勉強する。

　　　　　　　　　Sie arbeitet **am fleißigsten** in der Klasse.

　　　　　　　　　彼女はクラスで最も勤勉に勉強する。

(3) 絶対比較級・絶対最上級

(a) 絶対比較級　「かなり～」「比較的～」　　eine **ältere** Frau　中年の女性

(b) 絶対最上級　「非常に～」「きわめて～」　mit **größter** Eile　大至急

パート

Ⅱ

― 文法項目別 ―

14 規則動詞

単語	意味
achten	他 尊重する
antworten	自 答える
arbeiten	自 働く
atmen	自 呼吸する
bauen	他 建てる
brauchen	他 必要とする
danken	自 感謝する
dauern	自 続く
enden	自 終わる
fassen	他 つかむ
fehlen	自 欠けている
folgen	自 従う、ついていく
fragen	他 質問する
führen	他 導く
fürchten	他 恐れる
glauben	他 信じる
grüßen	他 挨拶する
handeln	自 行動する、商売する
hängen	他 掛ける
hassen	自 憎む
heiraten	自 結婚する

（ 例 文 ）

▶ **Wie lange dauert die Fahrt von Hamburg bis Berlin?**
（ハンブルクからベルリンまでどれくらいかかりますか？）

▶ **Der Reisende fragte mich nach dem Weg zum Markt.**
（その旅行者は私に市場への道を尋ねた。）

単語	意味
hoffen	他 望む
holen	他 取りに行く
hören	他 聞く
jobben	自 アルバイトをする
kaufen	他 買う
kochen	自 料理する
kosten	自 ～の値段だ、（時間などが）かかる
lächeln	自 ほほえむ
lachen	自 笑う
leben	自 生きる、暮らす
legen	他 置く、横たえる
lehren	他 教える
lernen	他 学ぶ
lieben	他 愛する
loben	他 褒める
lösen	他 解決する
machen	他 作る、する
malen	他 描く
meinen	他 ～と思う
öffnen	他 開ける
packen	他 荷物を詰める
passen	自 合う
prüfen	他 試す
putzen	他 磨く、掃除する

例 文

▶ **Das kostet nichts.**（それはお金がかかりません。）

▶ **Mach mal Pause!**（ちょっと休憩しなよ！）

▶ **Was meinen Sie dazu?**（それについてどう思いますか？）

単語	意味
rauchen	自 タバコを吸う
rechnen	自 計算する
reden	自 語る
regnen	自 雨が降る
reisen	自 旅行する
sagen	他 言う
schätzen	他 見積もる、評価する
schauen	自 眺める
schenken	他 贈る
schicken	他 送る
schmecken	自 〜の味がする
schneien	自 雪が降る
senden	他 送信する
sparen	他 節約する
spielen	自 遊ぶ
stellen	他 置く、立てる
stören	他 邪魔する
studieren	他 専攻する、大学で勉強する
suchen	他 探す
tanzen	自 踊る
warten (auf jn.)	自 待つ
wechseln	他 交換する
weinen	自 泣く
wohnen	自 住む
zeigen	他 示す

《　例　文　》

▶ **Schau mal!**（ほら見て！）

▶ **Schmeckt dir das Essen, Susanne?**（ザンネ、その食事はおいしい？）

66

● 指定された動詞を適切な形（現在形）にして（　）に補い、文の意味を考えましょう。

1. Ich（　　　　　　）dich.［lieben］

2. Sabine und Peter（　　　　　　）nächstes Jahr.［heiraten］

3. Mein Bruder（　　　　　　）auch am Wochenende.［arbeiten］

4. Heute（　　　　　　）es sehr stark.［schneien］

5. Stefan（　　　　　　）häufig im Unterricht.［fehlen］

6. Klara（　　　　　　）ungeduldig auf ihren Freund.［warten］

7. （　　　　　　）du gern?［tanzen］

8. Er（　　　　　　）das Fenster.［öffnen］

コ ラ ム　-ieren で終わる動詞

　ドイツ語の動詞には不定詞が -ieren で終わるものがあります。それらはすべて規則動詞で、外来語（多くの場合は英語）に由来する動詞です。英語の知識のある人であれば、文字や発音からおおよその意味を予想できるケースも多いはず。たとえば、次の単語はどのような意味になるでしょうか。

① diskutieren　② fotografieren　③ kopieren

④ reparieren　⑤ studieren

　①は「議論する」（英：discuss）、②は「写真をとる」（英：photograph）、③は「コピーする」（英：copy）、④は「修理する」（英：repair）、⑤は「勉強する」（英：study）です。ただし、英語とは微妙に意味のずれる単語もあるので注意してください。たとえば⑤の場合、英語の study はたんに「勉強する」ですが、ドイツ語の studieren は「大学で専攻として勉強する」ことを意味します。たとえば、Ich studiere in Berlin. は「私はベルリンの大学で勉強しています」→「私はベルリンの大学生です」という意味になります。（ちなみに、大学に関係なく一般的に「勉強する」といいたいときには、規則動詞 lernen を使います。）

15 不規則動詞

単語	3基本形	意味
backen	backte, gebacken	他 （パンなどを）焼く
bitten	bat, gebeten	他 依頼する
bleiben	blieb, geblieben	自 とどまる
brechen	brach, gebrochen	他 破る、壊す
brennen	brannte, gebrannt	自 燃える
bringen	brachte, gebracht	他 もたらす
denken	dachte, gedacht	他 考える
dürfen	durfte, gedurft	助 ～してもよい
essen	aß, gegessen	他 食べる
fahren	fuhr, gefahren	自 （乗り物で）行く
fallen	fiel, gefallen	自 落ちる
fangen	fing, gefangen	他 捕まえる
finden	fand, gefunden	他 見つける、～と思う
fliegen	flog, geflogen	自 飛ぶ
geben	gab, gegeben	他 与える
gehen	ging, gegangen	自 行く
gelten	galt, gegolten	自 値する
greifen	griff, gegriffen	自 つかもうとする、手を延ばす
haben	hatte, gehabt	他 持つ
halten	hielt, gehalten	他 保つ
hängen	hing, gehangen	自 掛かっている
heißen	hieß, geheißen	自 ～という名である

例文

▶ **Iss nicht so viel!**（そんなにたくさん食べちゃダメだよ！）

▶ **Bitte geben Sie mir Ihre Telefonnummer!**（あなたの電話番号を教えてください！）

▶ **Er gilt als Experte in seinem Fach.**（彼はその道のエキスパートとして通っている。）

単語	3基本形	意味
helfen	half, geholfen	自 助ける
kennen	kannte, gekannt	他 知っている
kommen	kam, gekommen	自 来る
können	konnte, gekonnt	助 ～できる
lassen	ließ, gelassen	他 ～させる
laufen	lief, gelaufen	自 走る
lesen	las, gelesen	他 読む
liegen	lag, gelegen	自 横たわっている
lügen	log, gelogen	自 嘘をつく
möchte		助 ～したい、ほしい
mögen	mochte, gemocht	助 ～かもしれない
müssen	musste, gemusst	助 ～ねばならない
nehmen	nahm, genommen	他 取る
nennen	nannte, genannt	他 名づける
raten	riet, geraten	他 助言する
rufen	rief, gerufen	自 叫ぶ
schlafen	schlief, geschlafen	自 眠る
schlagen	schlug, geschlagen	他 殴る
schließen	schloss, geschlossen	他 閉める
schneiden	schnitt, geschnitten	他 切る
schreiben	schrieb, geschrieben	他 書く
schreien	schrie, geschrien	自 叫ぶ

(例 文)

▶ **Der Sohn hilft der Mutter beim Abwaschen.**
（その息子は母親の食器洗いを手伝う。）

▶ **Er mag krank sein.**（彼は病気かもしれない。）

▶ **Darf ich mir noch ein Stück Kuchen nehmen?**
（ケーキをもう一切れいただいてもよろしいですか？）

▶ **Ich habe gut geschlafen.**（私はよく眠った。）

単語	3基本形	意味
schweigen	schwieg, geschwiegen	自 黙る
schwimmen	schwamm, geschwommen	自 泳ぐ
sehen	sah, gesehen	他 見る
sein	war, gewesen	自 存在する、〜である
singen	sang, gesungen	自 歌う
sitzen	saß, gesessen	自 座っている
sollen	sollte, gesollt	助 〜べきだ
sprechen	sprach, gesprochen	他 話す
stehen	stand, gestanden	自 立っている
stehlen	stahl, gestohlen	他 盗む
steigen	stieg, gestiegen	自 登る
sterben	starb, gestorben	自 死ぬ
tragen	trug, getragen	他 運ぶ、身につける
treffen	traf, getroffen	他 会う
treten	trat, getreten	自 歩む
trinken	trank, getrunken	他 飲む
tun	tat, getan	他 する
wachsen	wuchs, gewachsen	自 育つ
werden	warde, geworden	自 〜になる
werfen	wurf, geworfen	他 投げる
wissen	wusste, gewusst	他 知る
wollen	wollte, gewollt	助 〜つもりだ
ziehen	zog, gezogen	他 引く

2
4

（ 例 文 ）

▶ **Bitte sprechen Sie nicht so schnell!**
（どうか、そんなに早口で話さないでください！）

▶ **Sie trat ihm auf den Fuß.**（彼女は彼の足を踏んだ。）

▶ **Seine Tochter will Ärztin werden.**（彼の娘は医者になりたがっている。）

初級者に優しい
独和辞典

初級者に優しい
独和辞典

早川東三＋伊藤眞＋Wilfried Schulte[著]

Wörterbuch
Deutsch leicht gemacht

増補改訂版

ご好評につき、
コラムや関連語などを刷新！
ドイツ国内事情や数字データも
最新のものに更新！

❶ ドイツの若者がよく使う口語表現をていねいに
示してあります。

❷ 読み・発音をわかりやすく表示しました。z.B.（も
しくは→のような太字アイコン）ellipe-ellipe-ellipe アイロト

内容見本

見やすくたのしい 工夫がいっぱい

絵で見るドイツ単語

絵で見るドイツ単語 **Bahnhof**

① der Bahnsteig
　プラットホーム.
② das Gleis...　…番線.
③ die Schiene　線路.
④ der Zug　列車.
⑤ der Zugbegleiter,
　die Zugbegleiterin 列車乗務員.
⑥ der Bahnmitarbeiter,
　die Bahnmitarbeiterin
　駅職員, 鉄道社員.
⑦ der Fahrkartenautomat 券売機.
⑧ der Fahrplan　運行時刻表.
⑨ die Information　案内所.
⑩ der Entwerter　自動改札機.
⑪ das Schließfach
　コインロッカー.
⑫ der Kiosk キオスク.
⑬ der Imbiss 軽食[スタンド].

Einmal Bonn einfach (hin und zurück), bitte!
　(切符を買うときに)ボンまで片道(往復)一枚下さい.
die erste(zweite) Klasse
　一(二)等.
der [Sitz]platz 座席.
die Sitzplatzreservierung
　座席予約.
der Großraumwagen (コンパートメントではない)解放座席車.
das Abteil　コンパートメント.
die Ankunft　到着.
die Abfahrt　出発.
die Verspätung 遅れ.
der Zuschlag 割増料金；特急券.

関連語をディスプレイ

関連語 **Internet**
—インターネット—

die E-Mail Eメール.
die E-Mail-Adresse
　Eメールアドレス.
die Mailbox メールボックス.
die Homepage ホームページ.
die Website　ウェブサイト.
die URL　URL (ﾕｰｱｰﾙ).
das Passwort　パスワード.
surfen　ネットサーフィンする.
suchen　検索する.
chatten　チャットする.
downloaden　ダウンロードする.
bookmarken　ブックマークする.

ドイツ語特有の

dünsten

D

ル.
dünsten [ﾃﾞｭﾝｽﾃﾝ] 動 蒸(む)す.
Dur [ﾄﾞｩｰｱ] 中-/ 《音楽》長調. D-Dur ニ長調.
durch [ﾄﾞｩﾙﾋ] **1** 前 《4格支配. durch das は融合して durchs となる》¶【通過】…を通って,通りぬけて. *durch* die Tür (die Wand) ドアを通って(壁越しに).【手段・出来事・動作主】…によって,…のおかげで. *durch* ein Erdbeben(Spezialisten) 地震のおかげで(専門家の手で). /8 [geteilt] *durch* 2 ist 4. 8 割る 2 は 4.【時間】…の間ずっと. *durch* das ganze Jahr 一年を通じて. **2** 副 通り過ぎて(抜けて);過ぎ去って. ¶ *durch* und *durch* すっかり. / *durch* sein 通り過ぎてしまった;充分火が通っている. ♦Lassen Sie mich mal [bitte] *durch*! 私をちょっと通してください.
[1]**durch**- [ﾄﾞｩﾙﾋ] 《常にアクセントをもち分離動詞をつくる前つづり》【通過】*durch*¦fahren 通り抜ける.【切断】*durch*¦schneiden 断ち切る.【強め】*durch*¦atmen 深呼吸する.【やりとげる】*durch*¦lesen 読み通す.
[2]**durch**- [ﾄﾞｩﾙﾋ] 《アクセントをもたず非分離動詞をつくる前つづり》【通過】*durch*fahren (物⁴を)通過する.【分断】*durch*schneiden 断ち切る.【完遂】*durch*suchen 徹底的に調べる.
durch¦atmen [ﾄﾞｩﾙﾋ・ｱｰﾄｩﾒﾝ] 動 深呼吸する.
durch·aus [ﾄﾞｩﾙﾋ・ｱｵｽ, ﾄﾞｩﾙﾋ・ｱｵｽ] 副 まったく,すっかり;《否定の語句と》まったく…ない. ¶Das ist durchaus denkbar. そんなこ…

…ン] *du* brichst durch, *er* bricht durch; brach durch, durchgebrochen 動 **1** 二つに折る(割る). **2** (s) 二つに折れ(割れ)る.
[2]**durch·brechen*** [ﾄﾞｩﾙﾋ・ﾌﾞﾚﾋｪﾝ] *du* durchbrichst, *er* durchbricht; durchbrach, durchbrochen 動 突破する;(法律・規則を)破る,(物⁴の)壁を破る.
durch·einander [ﾄﾞｩﾙﾋ・ｱｲﾅﾝﾀﾞｧ] 副 [相互に・前後]入り乱れて,ごちゃごちゃで. ¶ Alle redeten *durcheinander*. 皆が入り乱れてしゃべった. **Durch·einander** [ﾄﾞｩﾙﾋｱｲﾅﾝﾀﾞｧ] 中-s/ 無秩序[な状態].
[1]**durch¦fahren*** [ﾄﾞｩﾙﾋ・ﾌｧｰﾚﾝ] *du* fährst durch, *er* fährt durch; fuhr durch, durchgefahren 動 (s) (乗り物で)通り抜ける(過ぎる). ¶*Fahren* wir durch den nächsten Ort *durch*? 次の村は通り抜けましょうか. [2]**durch·fahren*** [ﾄﾞｩﾙﾋ・ﾌｧｰﾚﾝ] *du* durchfährst, *er* durchfährt; durchfuhr, durchfahren 動 (物⁴を)通過する,端から端まで走る. ¶Unser Zug *durchfuhr* einen Tunnel nach dem anderen. われわれの乗った列車は次から次へとトンネルを通り抜けた. **Durch·fahrt** [ﾄﾞｩﾙﾋ・ﾌｧｰﾙﾄ] 女-/-en 通り抜け道;出入り口. ¶*Durchfahrt* bitte frei lassen! 出入り口につき駐車禁止.
Durch·fall [ﾄﾞｩﾙﾋ・ﾌｧﾙ] 男-[e]s /Durch·fälle [ﾄﾞｩﾙﾋ・ﾌｪﾚ] 下痢;落第,落選. ¶ Sie hat starken *Durchfall*. 彼女はひどい下痢をしている.
durch¦fallen* [ﾄﾞｩﾙﾋ・ﾌｧﾚﾝ] *du* fällst durch, *er* fällt durch; …

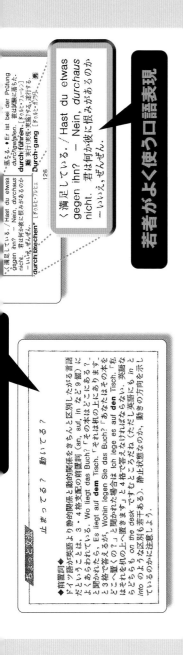

若者がよく使う口語表現

＜満足している。／Hast du etwas gegen ihn? — Nein, durchaus nicht. 君は何か彼に恨みがあるのか ——いいえ、ぜんぜん。

ちょっと文法

止まってる？ 動いてる？

◆前置詞◆
ドイツ語が英語より文的関係と動的関係をきちんと区別したがる言語だということは、3・4格支配の前置詞 (an, auf, in など9個) によくあらわれている。Wo liegt das Buch?「その本はどこにある？」と聞かれたら、Es liegt auf dem Tisch.「それは机の上にあります」と3格で答える。Wohin legen Sie das Buch?「あなたはその本をどこへ置くの？」と聞かれた場合は Ich lege es auf den Tisch.「私はそれを机の上へ置きます」と4格で答えなければならない。英語はそれを机の上に置くのか on the desk ですよ、ところだね（ただし英語にも in と imo のような区別も若干ある）。静止状態なのか、動きの方向を示しているのかに注意しよう。

朝日出版社

〒101-0065 東京都千代田区西神田3-3-5　TEL:03-3263-3321
＜URL＞ https://www.asahipress.com
全国の生協／書店にて発売中です。小社HPからもお買い求めいただけます。

注文書	初級者に優しい独和辞典 増補改訂版		注文数	書店印
	定価3,080円 (本体2,800円＋税10%)　ISBN 978-4-255-01343-5		冊	
	お名前			
	ご住所	TEL		

朝日出版社

必要事項をご記入のうえ、最寄りの書店へお申し込みください。

今ドイツ人が
日常使っている
言葉で学ぶ学習辞典

読んで面白い独和辞典

単語を引くだけじゃもったいない！

朝日出版社

増補改訂版

③ 多くの見出し語に興味深いコラムや関連語を
添えました。

④ コンピューター用語も豊富に採り入れ、スイス
やオーストリアドイツ語も収録してあります。

⑤ 間違い易く理解しにくいドイツ語特有の文法
は、フランクな語り口のコラムでやさしく説明
されています。

⑥ 文字の説明だけでは判りにくい単語には、イラ
ストを添えました。

⑦ ドイツ連邦共和国で実施されるドイツ語検定に
必要な語彙もすべて含まれています。

早川東三＋伊藤眞＋Wilfried Schulte＝著
B6変型判/750頁/2色刷/発音カナ表記/見出し語15,000
定価3,080円【本体2,800円＋税10%】

今ドイツ人が日常使っている
言葉で学ぶ学習辞典

朝日出版社

● 指定された動詞を適切な形（①現在形、②過去形）にして（　）に補い、文の意味を考えましょう。

1. ①Klaus（　　　　　　　　　　） ein spannendes Buch.［lesen］

2. ①（　　　　　　　　） du das?
   — Ja, das（　　　　　　　　） ich schon.［wissen］

3. ②Wir（　　　　　　　　） mit dem Auto nach Wien.［fahren］

4. ①（　　　　　　　） du keinen Hund?［haben］
   ②（　　　　　　　） du keinen Hund?［haben］

5. ①Es（　　　　　　　） in dieser Stadt zwei Bibliotheken.［geben］
   ②Es（　　　　　　　） in dieser Stadt zwei Bibliotheken.［geben］

6. ①Ich（　　　　　　　） in der Schweiz studieren.［wollen］
   ②Ich（　　　　　　　） in der Schweiz studieren.［wollen］

7. ①Wo（　　　　　　） ihr denn heute?［sein］
   ②Wo（　　　　　　） ihr denn heute?［sein］

8. ①Die Politikerin（　　　　　　　） ihren Sekretär einen Brief
   schreiben.　　　　　　　　　　　　　　　　　　　［lassen］
   ②Die Politikerin（　　　　　　　） ihren Sekretär einen Brief
   schreiben.　　　　　　　　　　　　　　　　　　　［lassen］

コラム　助動詞の単独用法

　「助動詞」とは名前の通り、ほかの動詞を「助」ける役割を担う動詞なので、ほかの動詞（不定詞）と組み合わせて使うのが基本です。ところがドイツ語の助動詞は、文脈から意味が明らかである場合、本来あるはずの動詞の不定詞を省略して助動詞単独で（ふつうの動詞と同じように）使用できる、という例外的な用法も認められています。たとえば「私は英語ができます」という文章は、ドイツ語ではシンプルに Ich kann Englisch. でOKなのです。（英語の場合、I can English. と言うことはできません。I can speak English. といったように、助動詞 can のあとに何かしら動詞を補う必要があります。）

16 🎵 分離動詞

単語	3基本形	意味
abfahren	(→fahren)	自 出発する
abholen		他 迎えに行く
abnehmen	(→nehmen)	自 減少する
abschließen	(→schließen)	他 閉鎖する、締めくくる
anbieten	bot ... an, angeboten	他 提供する
anerkennen	(→kennen)	他 承認する
anfangen	(→fangen)	自 始まる
ankommen	(→kommen)	自 到着する
annehmen	(→nehmen)	他 受け取る
anrufen	(→rufen)	他 電話する
ansehen	(→sehen)	他 じっと見つめる
aufhören		自 やめる
aufmachen		他 開ける
aufnehmen	(→nehmen)	他 受け入れる
aufpassen		自 気をつける
aufstehen	(→stehen)	自 起きる
ausgehen	(→gehen)	自 外出する
aussehen	(→sehen)	自 ～に見える

（ 例 文 ）

▶ **Der Zug fährt in fünf Minuten ab.** （列車は5分後に発車する。）

▶ **Wann fängt das neue Semester an?** （新学期はいつ始まるの？）

▶ **Gestern Abend kam er in dieser Stadt an.** （昨晩、彼はこの街に到着した。）

▶ **Clara ruft ihren Freund an.** （クラーラはボーイフレンドに電話する。）

▶ **Bitte mach die Tür auf!** （ドアを開けて！）

▶ **Du siehst heute aber schlecht aus!** （それにしても今日の君は顔色が悪いよ！）

単語	3基本形	意味
aussteigen	(→steigen)	自 降車する
beitragen	(→tragen)	自 貢献する
durchfallen	(→fallen)	自 落第する
einfallen	(→fallen)	自 思いつく
einkaufen		他 買い物する
einladen	lud ... ein, eingeladen	他 招待する
einschlafen	(→schlafen)	自 眠り込む
einsteigen	(→steigen)	自 乗車する
eintragen	(→tragen)	他 記入する
eintreten	(→treten)	自 歩み入る
fernsehen	(→sehen)	自 テレビを見る
fortsetzen		他 続行する
kennenlernen		他 知り合う
mitbringen	(→bringen)	他 持って来る
mitkommen	(→kommen)	自 一緒に行く
mitnehmen	(→nehmen)	他 持って行く
nachdenken (über etwas)	(→denken)	自 熟考する
spazierengehen	(→gehen)	自 散歩する

例 文

▶ **Da ist mir eingefallen, dass ich heute noch einen Termin habe.**
（そこで私は今日もう一つ予定があったことに思い当たった。）

▶ **Morgen will ich Claudia zum Essen einladen.**
（明日、私はクラウディアを食事に招くつもりだ。）

▶ **Er trägt seinen Namen in eine Liste ein.** （彼は自分の名前をリストに記入する。）

▶ **Neuerdings sieht er nicht mehr so viel fern.**
（最近、彼はもうさほどテレビを見なくなっている。）

▶ **Bring ihr doch Schokolade mit!** （彼女にチョコレートを持ってきてあげてよ！）

▶ **Ich werde darüber nachdenken.** （私はそれについて熟考するつもりだ。）

73

単語	3基本形	意味
stattfinden	(→finden)	自 開催される
teilnehmen (an etwas)	(→nehmen)	自 参加する
umschreiben	(→schreiben)	他 書き換える
umsteigen	(→steigen)	自 乗り換える
umziehen	(→ziehen)	自 引っ越す
vorhaben	(→haben)	他 予定する
vorlesen	(→lesen)	他 朗読する
vorschlagen	(→schlagen)	他 提案する
vorstellen		他 紹介する
vorwerfen	(→werfen)	他 非難する
weggehen	(→gehen)	自 立ち去る
wehtun	(→tun)	自 痛む
wiedersehen	(→sehen)	他 再会する
zunehmen	(→nehmen)	自 増大する
zurückgeben	(→geben)	他 返却する
zurückkommen	(→kommen)	自 帰って来る
zusammenfassen		他 要約する
zusammenhängen	(→hängen)	自 関係する

《 例 文 》

▶ **Heute findet hier ein Konzert statt.** （今日ここでコンサートが開かれる。）

▶ **Ich habe an einem Sommerkurs teilgenommen.**
（私はあるサマーコースに参加した。）

▶ **Sie müssen am Karlsplatz in die U1 umsteigen.**
（あなたはカールス広場で地下鉄の1番に乗り換えなくてはなりません。）

▶ **Haben Sie am Sonntag schon etwas vor?** （日曜日に何かご予定はありますか？）

▶ **Sie stellt mich ihrem Vater vor.** （彼女は私を彼女の父に紹介する。）

● 日本語を参考に、指定された動詞を使い、（　）に適切な語を補って文を完成させましょう。

1. Das Kind（　　　　　）immer schnell（　　　　　）. [einschlafen]
   その子はいつもすぐに寝つく。

2. Ich（　　　　　）ihn in München（　　　　　）. [kennenlernen]
   私は彼とミュンヘンで知り合った。（過去形）

3. （　　　　　）du mich（　　　　　）? [anrufen]
   私に電話したの？（現在完了形）

4. Was（　　　　　）Ihnen（　　　　　）? [einfallen]
   何を思いついたのですか？（現在完了形）

5. Hast du etwas（　　　　　）? [vorschlagen]
   何か提案することがあるの？

6. （　　　　　）mir sofort die CD（　　　　　）! [zurückgeben]
   私にそのCDをすぐに返せよ！

コラム　分離動詞は意味の足し算

　分離動詞の前綴りは、もともと独立した単語だったものが多く、かなり具体的な意味を持っています。たとえば aus- は「…から」を意味する前置詞の用法から推測されるように、それ単独で「出る」「外」といったニュアンスを持っているので、ausgehen は「外」＋「出る」＝「外出する」、aussehen は「外」＋「見える」＝「外見が…である」となるわけです。このように、前綴りのおおよその意味がわかっていれば、それと基礎動詞の意味を足し算することで、分離動詞の意味がなんとなく推測できるようになります。ほかに、ein- で「入る」、um- で「交替」など、少々変わった意味になる前綴りもありますが、考え方は同じです。たとえばこれらの前綴りに、〈上り下りする運動〉を意味する steigen を組み合わせるとどうなるでしょうか。aussteigen「出る」＋「下りる」＝「下車する」、einsteigen「入る」＋「上る」＝「乗り込む」、umsteigen「交替」＋「上る」＝「乗り換える」……といった具合です。分離動詞を覚える際は、単語全体の意味を丸暗記するのではなく、前綴りと基礎動詞の意味の足し算として考えるようにすると、ほかの場合にも応用が効くのでおススメです。

単語	3基本形	意味
befehlen	befahl, befohlen	他 命令する
begreifen	(→greifen)	他 理解する
bekommen	(→kommen)	他 もらう
benutzen		他 利用する
beschreiben	(→schreiben)	他 描写する
besichtigen		他 見学する
besitzen	(→sitzen)	他 所有する
bestehen	(→stehen)	他 合格する
bestellen		他 注文する
besuchen		他 訪問する
betreffen	(→treffen)	他 関係する、該当する
beweisen	bewies, bewiesen	他 証明する
bezahlen		他 支払う
empfangen	(→fangen)	他 受け入れる
empfehlen	empfahl, empfohlen	他 推薦する
erfahren	(→fahren)	他 経験する
erfinden	(→finden)	他 発明する
erfüllen		他 満たす

例 文

▶ **Er hat zum Geburtstag einen neuen Mantel bekommen.**
（彼は誕生日に新しいコートをもらった。）

▶ **Er konnte die Prüfung bestehen, weil er viel gelernt hatte.**
（彼はたくさん勉強したので、その試験に合格できた。）

▶ **Was diese Sache betrifft, will ich lieber nichts sagen.**
（この事については、私はできれば何も申し上げたくありません。）

▶ **Wer hat das Telefon erfunden?**（誰が電話を発明したの？）

単語	3基本形	意味
erhalten	(→halten)	他 受け取る
erkennen	(→kennen)	他 認識する
erklären		他 説明する
erleichtern		他 楽にする
ermöglichen		他 可能にする
erreichen		他 到達する
erscheinen	erschien, erschienen	自 現れる
erwarten		他 期待する
erzählen		他 物語る
gefallen	(→fallen)	自 ～の気に入る
gehören		自 帰属する
gelingen	gelang, gelungen	自 成功する
genießen	genoss, genossen	他 楽しむ
geschehen	geschah, geschehen	自 起こる
gewinnen	gewann, gewonnen	他 獲得する、勝利する
übernehmen	(→nehmen)	他 引き受ける
übersetzen		他 翻訳する
unterbrechen	(→brechen)	他 中断する
unterscheiden	unterschied, unterschieden	他 区別する
verbieten	verbot, verboten	他 禁じる

例 文

▶ **Ich habe sie an der Stimme erkannt.** （私は声で彼女だとわかった。）

▶ **Gefällt dir mein neuer Rock?** （私の新しいスカートはどう〔気に入った〕？）

▶ **Gehört das Auto da Ihnen?** （あそこにある車はあなたのものですか？）

▶ **Der Kuchen ist mir gar nicht gut gelungen.**
（このケーキは全然うまくできなかった。）

▶ **Sie übersetzt aus dem Japanischen ins Deutsche.**
（彼女は日本語からドイツ語へ翻訳する。）

単語	3基本形	意味
verbringen	(→bringen)	他 (時を) 過ごす
verdienen		他 稼ぐ
vergessen	vergaß, vergessen	他 忘れる
vergleichen	verglich, verglichen	他 比較する
verkaufen		他 売る
verletzen		他 傷つける
verlieren	verlor, verloren	他 失う、敗北する
verpassen		他 逃す
verschwinden	verschwand, verschwunden	自 消える
versprechen	(→sprechen)	他 約束する
verstehen	(→stehen)	他 理解する
versuchen		他 試みる
vertreten	(→treten)	他 代表する、代理を務める
verwenden		他 使用する
verwirklichen		他 実現する
verzeihen	verzieh, verziehen	他 許す
verzichten (auf etwas)		自 あきらめる
widersprechen	(→sprechen)	自 反論する
widerstehen	(→stehen)	自 抵抗する
wiederholen		他 繰り返す
zerstören		他 破壊する

（ 例 文 ）

▶ **Wir haben drei wunderschöne Wochen in Italien verbracht.**
(私たちは実に素晴らしい3週間をイタリアで過ごした。)

▶ **Bitte vergiss mich nicht!** (どうか私のことを忘れないでね！)

▶ **Ich verspreche dir, nicht mehr zu rauchen!**
(私はもうタバコは吸わないと君に約束するよ！)

▶ **Bitte sprechen Sie langsam, sonst kann ich Sie nicht verstehen!**
(どうかゆっくりお話しください、そうでないとあなたのおっしゃることが理解できません！)

就活・留学準備の強力な味方！

あなたのグローバル英語力を測定

新時代のオンラインテスト

銀行のセミナー研修にも使われています

CNN®

GLENTS

留学・就活により役立つ新時代のオンラインテスト

ENGLISH EXPRESS

音声ダウンロード付き 毎月6日発売 B5判 定価1263円(税込)

※2023年11月号より、定価1375円(税込)に価格改定いたします。

定期購読者限定
英語学習
スケジュール帳
プレゼント!

ENGLISH EXPRESS
STUDY PLANNER

これが世界標準の英語!!

CNNの生音声で学べる唯一の月刊誌

◇ CNNのニュース、インタビューが聴ける
◇ 英語脳に切り替わる問題集付き
◇ カリスマ講師・関正生の文法解説や
   人気通訳者・橋本美穂などの豪華連載も
◇ スマホやパソコンで音声らくらくダウンロード

定期購読をお申し込みの方には本誌1号無料ほか、
特典多数!

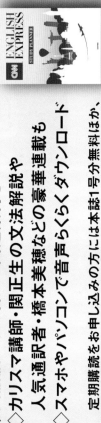

初級者からの
ニュース・リスニング

CNN Student News 2023 [春夏]

動画音声付き
オンライン提供

音声アプリ＋動画で、
どんどん聞き取れる！

● レベル別に3種類の
　速度の音声を収録

● ニュース動画を字幕
　あり/なしで視聴できる

MP3・電子書籍版・
動画付き[オンライン提供]
A5判 定価1320円（税込）

1本30秒だから、聞きやすい！

CNN ニュース・リスニング 2023 [春夏]

電子書籍版付き
ダウンロード方式で提供

［30秒×3回聞き］方式で
世界標準の英語がだれでも聞き取れる！

● テイラー・スウィフトが
　長編映画の監督に

● まるでゾンビ!? クモの
　死体を「動くロボット」化

MP3・電子書籍版付き
（ダウンロード方式）
A5判 定価1100円（税込）

新しい英語力測定テストです。
詳しくはCNN GLENTSホームページをご覧ください。

https://www.asahipress.
com/special/glents

CNN GLENTSとは

GLENTSとは、Global ENglish Testing Systemという名の通り、世界標準の英語力を測るシステムです。リアルな英語を聞き取るリスニングセクション、海外の話題を読み取るリーディングセクション、異文化を理解するのに必要な知識を問う国際教養セクションから構成される、世界に通じる「ホンモノ」の英語力を測定するためのテストです。

※画像はイメージです。

® & © Cable News Network A WarnerMedia Company, All Rights Reserved.

お問い合わせ先

株式会社 朝日出版社 「CNN GLENTS」事務局
フリーダイヤル：**0120-181-202** E-MAIL: **glents_support@asahipress.com**
（平日午前10時～午後6時）

● **日本語を参考に、指定された動詞を使い、（　）に適切な語を補って文を完成させましょう。**

1. Das（　　　　）mir!［gefallen］　いいね（＝それは気に入った）！（現在形）

2. Ich（　　　　　　）sie nicht.［verstehen］
   私は彼女の言うことが分からなかった。（過去形）

3. Wir（　　　　　　　）alles（　　　　　　　）.［versuchen］
   私たちはあらゆる手を尽くした。（現在完了形）

4. Ich（　　　　　　）die Verantwortung（　　　　　　）.［übernehmen］
   私がその責任を引き受けた。（現在完了形）

5. Kann ich ihn telefonisch（　　　　　　　）?［erreichen］
   彼に電話で連絡をつけられるかな？

6. Ich habe leider keine Zeit, Ihnen das（　　　）（　　　）.［erklären］
   残念ながらそれをあなたに説明している時間はないのです。

コ ラ ム　分離・非分離の前綴り

　複合動詞をつくる前綴りは、基本的に分離動詞をつくるもの（＊多数）と非分離動詞をつくるもの（＊be-, emp-, ent-, er-, ge-, ver-, zer-, miss- の8つ）に分かれますが、なかには動詞の意味によって分離する場合と分離しない場合がある特殊な前綴りもあります。代表的な例は durch-, über-, um- などで、これらの前綴りを持つ動詞は分離か非分離かによって意味が大きく変わるので注意が必要です。たとえば übersetzen は、非分離動詞として使う場合には「翻訳する」という意味ですが、分離動詞として使うと「川の向こう岸へ渡す」という意味に、durchfallen は分離動詞では「落第する」、非分離動詞では「落下する」の意味になります。

　一般に、分離動詞の場合には前綴りにアクセントが置かれて強調された結果、前綴り本来の意味が強く残る（＝前綴り＋基礎動詞の意味の足し算になる）のに対し、非分離動詞の場合には比喩的な意味になる、とされています（例：übersetzen は、分離の場合は über+setzen「向こうに」＋「置く」＝「向こう岸に渡す」、非分離の場合は比喩的な「翻訳する」）。ただし、um- の場合にはしばしばこれが逆転したりもするので、なかなかに複雑です（例：umziehen は、非分離の場合は um+ziehen「周り」＋「引く」＝「覆う」、分離の場合は比喩的な「引っ越す」）。

18 🎧 再帰動詞

単語	3基本形	意味
anziehen, sich³	(→ziehen)	再 着る
ärgern, sich⁴ (über jn./etwas)		再 怒る
ausziehen, sich⁴	(→ziehen)	再 脱ぐ
bedanken, sich⁴ (bei jm.)		再 礼を述べる
beeilen, sich⁴		再 急ぐ
befinden, sich⁴	(→finden)	再 〜の状態にある
bemühen, sich⁴ (um jn./etwas)		再 努力する
benehmen, sich⁴	(→nehmen)	再 振舞う
bewerben, sich⁴ (um etwas)	bewarb, beworben	再 応募する
beziehen, sich⁴ (auf jn./etwas)	(→ziehen)	再 関連する
einbilden, sich³		再 思い込む
entfernen, sich⁴ (von etwas/jm.)		再 遠ざかる

(例 文)

▶ **Nach dem Baden zieht er sich wieder an.**（入浴後、彼は再び衣服を身につける。）

▶ **Lisa ärgert sich über Helmut.**（リーザはヘルムートに腹を立てている。）

▶ **Für die schöne Puppe bedankte sich das Mädchen bei der Großmutter mit einem Kuss.**
（きれいなお人形のお礼に、少女は祖母にキスをした。）

▶ **Wir müssen uns beeilen, sonst verpassen wir noch das Flugzeug!**
（急がないと、飛行機にも乗り遅れてしまうよ！）

▶ **Ich werde mich bemühen, diese Arbeit möglichst schnell zu erledigen.**
（私はこの仕事をできるだけ早く仕上げるよう努力したい。）

▶ **Sie bewirbt sich um eine Stelle als Dolmetscherin.**
（彼女は通訳としてのポストに応募する。）

単語	3基本形	意味
entscheiden, sich⁴	entschied, entschieden	再 決心する
entschließen, sich⁴ (zu etwas)	(→schließen)	再 決心する
entschuldigen, sich⁴		再 謝罪する
entspannen, sich⁴		再 リラックスする
entwickeln, sich⁴		再 発展する
ereignen, sich⁴		再 起こる
erholen, sich⁴		再 回復する
erinnern, sich⁴ (an etwas)		再 思い出す
erkälten, sich⁴		再 風邪をひく
erlauben, sich³		再 敢えてする
freuen, sich⁴ (auf etwas)		再 楽しみにする
freuen, sich⁴ (über etwas)		再 嬉しく思う
fühlen, sich⁴		再 感じる

例 文

▶ **Jetzt musst du dich entscheiden!**（今、君は決定を下さなければならない！）

▶ **Ich entschließe mich, nach Kopenhagen zu fahren.**
（私はコペンハーゲンに行くと決心する。）

▶ **Dafür musst du dich aber wirklich entschuldigen!**
（それについて君は絶対に謝らなくてはいけないね！）

▶ **Er erholte sich nur langsam von seiner Krankheit.**
（彼はゆっくりとではあるが、病気から立ち直った。）

▶ **Gerne erinnere ich mich an die schönen Tage in Marienbad.**
（私はマリーエンバート〔＊チェコの温泉地名〕で過ごした素晴らしい日々をよく思い出す。）

▶ **Bei diesem schlechten Wetter kann man sich leicht erkälten.**
（こんな悪い天気では風邪を引きやすい。）

▶ **Sie freut sich schon auf Weihnachten.**
（彼女はもうクリスマスを心待ちにしている。）

単語	3基本形	意味
handeln, sich⁴ (um etwas)		再 (非人称構文で)～が問題だ
informieren, sich⁴ (über etwas)		再 情報を得る
interessieren, sich⁴ (für etwas)		再 興味を持つ
kennen, sich⁴	kannte, gekannt	再 知り合いだ
konzentrieren, sich⁴ (auf etwas)		再 集中する
schämen, sich⁴ (wegen etwas)		再 恥じる
setzen, sich⁴		再 座る
unterhalten, sich⁴ (über etwas)	(→halten)	再 歓談する
verabschieden, sich⁴		再 別れを告げる
verlassen, sich⁴ (auf jn.)	(→lassen)	再 信用する
verlieben, sich⁴		再 惚れる
verspäten, sich⁴		再 遅れる
vorbereiten, sich⁴ (auf etwas)		再 準備する
waschen, sich⁴	wusch, gewaschen	再 体を洗う
wundern, sich⁴ (über etwas)		再 驚く
wünschen, sich³		再 希望する

【 例 文 】

▶ **Er interessiert sich für europäische Geschichte.**
（彼はヨーロッパ史に興味がある。）

▶ **Wir kennen uns schon lange.** （私たちはお互いをもう長いこと知っている。）

▶ **Bitte setzen Sie sich!** （どうぞ、おかけください！）

▶ **Ich werde mich jetzt verabschieden.** （これでおいとまさせていただきます。）

▶ **Sie können sich auf mich verlassen!**
（あなたは私を信頼してくださって結構です！）

▶ **Ich habe keine Zeit, mich auf die Prüfung vorzubereiten.**
（私はその試験の準備をする時間がない。）

● （　）に適切な再帰代名詞を補い、文の意味を考えましょう。

1. Erinnerst du（　　　　　）noch an mich?

2. Sie kennen（　　　　　）seit acht Tagen.

3. Freut ihr（　　　　）auf die Sommerferien?

4. Wir freuen（　　　　　）über Ihren Brief.

5. Er fühlt（　　　　）krank.

6. Das Kind setzte（　　　　　）auf die Bank.

7. Wofür interessieren Sie（　　　　）?

8. Ich möchte（　　　　）herzlich bei Ihnen bedanken.

コラム　再帰動詞 ≒ 他動詞？

　再帰動詞とは必ずしも特別な動詞のグループではありません。ほとんどの再帰動詞は、もともと他動詞だったものが「自分」を目的語にとる形で転用されたものだからです。たとえば setzen はもともと「～を座らせる」という意味の他動詞ですが、「sich（自分を）」を目的語にとると「自分を座らせる」→「座る」という意味の再帰動詞になるわけです。

　逆にいえば、辞書に再帰動詞としての用法が載っていないふつうの他動詞であっても、「自分」を目的語にとれば再帰動詞的に使うことができます。たとえば lieben は「～を愛する」という意味の他動詞として使うのが一般的ですが、次のように「自分（たち）」を目的語にとることもできます。それぞれどんな意味になるでしょうか。

① Wir lieben uns.
② Er liebt sich.

①は「私たちは私たちを愛している」→「私たちはお互いに愛し合っている」、②は「彼は自分を愛している」→「彼は自分のことが大好きだ（ナルシストだ）」となります。再帰動詞を覚える際には、もともとの他動詞の意味をあわせてイメージしておくと応用力がつくのでおススメです。

19 前置詞

単語	意味

● 2格支配の前置詞

außerhalb	～の外で（前置詞 von を伴うこともある）
innerhalb	～の中で（前置詞 von を伴うこともある）
statt	～の代わりに
trotz	～にもかかわらず
während	～の間じゅう
wegen	～ゆえに、～のために

＊上記の前置詞はしばしば3格を支配する

● 3格支配の前置詞

ab	～から
aus	～（の中）から、～の出身、～（素材）でできた
außer	～の外、～以外
bei	～（人）のもとに、～（会社など）で、～（事柄）の際に
gegenüber	～の向かい側に、～（人）に対して
mit	～（手段）で、～（人）と一緒に、～の付いた
nach	～（事柄）の後で、～（地名・国名）へ、～によれば
seit	～（時点）以来、～（期間）前から
von	～（起点・開始時点）から、～の（＝英：of）、～について
zu	～（人・施設）へ、～（時点）の時に

（ 例 文 ）

▶ **Während der Ferien bin ich auf dem Lande.** （休暇の間、私は田舎にいる。）

▶ **Anna ist wegen einer Erkältung abwesend.** （アンナは風邪のため欠席している。）

▶ **Ich fahre mit ihm nach Bonn.** （私は彼とボンへ行く。）

▶ **Max bekommt von seiner Tante ein Fahrrad.**
（マックスは叔母から自転車をもらう。）

● 4格支配の前置詞

bis	～（時間・場所）まで
durch	～を通り抜けて、～（原因・手段）によって
für	～（利益・擁護・目的・用途など）のために
gegen	～に向かって（運動の方向）、～に反して、～（時）ごろ
ohne	～なしに
um	～の周りに、～（時）に
wider	～に反対して

● 3格・4格支配の前置詞

an	～に接して（上面以外で～に接した場所、付近を表す）
auf	～の上
hinter	～の後ろ
in	～の中
neben	～の横、～の隣り
über	～の上方（接していない）、～の向こう側
unter	～の下
vor	～の前
zwischen	（～と…）の間

（ 例 文 ）

▶ **Am besten gehen Sie durch den Park zum Bahnhof.**
（駅に行くには公園を通って行くのが一番いい。）

▶ **Gegen den Willen seines Vaters ist Alex Schauspieler geworden.**
（父親の意志に反して、アレックスは俳優になった。）

▶ **Keine Regel ohne Ausnahme.** （例外のない規則はない。）

▶ **Das Bild hängt an der Wand.** （絵は壁にかかっている。）

▶ **Das Kind läuft hinter das Haus.** （その子どもは家の後ろに走っていく。）

▶ **Stell den Stuhl zwischen den Tisch und das Sofa!**
（椅子をテーブルとソファの間に置いて！）

● 日本語を参考に、（　）に適切な語を入れましょう。

1. Er spielt（　　　　　　）dem Vater Fußball.　彼は父とサッカーをする。

2. （　　　　　　）der Arbeit gehe ich Bier trinken.
   仕事の後でビールを飲みに行く。

3. （　　　　　　）drei Monaten lerne ich Deutsch.
   3ヶ月前からドイツ語を学んでいる。

4. Er lernt viel（　　　　　）die Prüfung.
   彼は試験のためにたくさん勉強している。

5. Frau Schmidt arbeitet（　　　　）der Post.
   シュミットさんは郵便局で働いている。

6. （　　　　　　）des Unterrichts spricht er nur Deutsch.
   授業中は彼はドイツ語しか話さない。

7. Sie geht（　　　　）den Wald zur Oma.
   彼女は森を抜けておばあさんのところへ行く。

8. （　　　　　　）des Regens spielen die Kinder draußen.
   雨にもかかわらず、子どもたちは外で遊んでいる。

9. （　　　　　　）meines Vaters komme ich zu Ihnen.
   父の代わりに私があなたのところへ行きます。

10. Die Uhr hängt（　　　　　）der Wand.　時計が壁にかかっている。

11. Der Hund läuft（　　　　）den Garten.
    犬が公園の中へ走っていく。

12. Das Mädchen kommt（　　　　　）dem Haus.
    少女が家の中から出てくる。

13. Die Katze liegt（　　　　　）der Frau.
    猫は女性の隣りに寝そべっている。

14. （　　　　）15 Uhr kommt meine Freundin（　　　　）mir.
    15時に彼女が私のところに来る。

コ ラ ム　前置詞の使い方

●前置詞と定冠詞は、特定の組み合わせのときに**融合形**をつくることができます。

an dem → am　　an das → ans　　auf das → aufs　　bei dem → beim

in dem → im　　in das → ins　　von dem → vom　　zu dem → zum

zu der → zur

Heute gehe ich mit ihr **ins** Kino.（in＋das）今日、私は彼女と映画を観に行く。

Morgen fahre ich **zur** Uni.（zu＋der）明日、私は大学へ行く。

Im Sommer fahren wir **ans** Meer.（an＋das）夏に私たちは海へ行く。

Die Frau steht **am** Fenster.（an＋dem）その女性は窓辺（窓際）に立っている。

曜日の表現には、an と dem の融合形 am を用います。

　am Montag（月曜日に）

「～月に」や季節の表現には、in と dem の融合形 im を用います。

　im Januar（1月に）、im Herbst（秋に）

●**前置詞と動詞**を組み合わせた**熟語的表現**には、たとえば以下のようなものがあります。

～^{3} für …^{4} danken	～に…を感謝する	an ～^{4} denken	～のことを考える
an ～^{4} fehlen	～が欠けている	auf ～^{4} warten	～を待つ
mit ～^{3} zufrieden sein	～に満足している	sich^4 um ～^{4} kümmern	～の世話をする
sich^4 für ～^{4} interessieren	～に興味をもつ	sich^4 auf ～^{4} konzentrieren	～に集中する
um ～^{4} gehen	～が問題である	es handelt sich^4 um ～^{4}	～が問題である
zu ～^{3} gehören	～に属する	an ～^{3} teilnehmen	～に参加する
auf ～^{4} basieren	～に基づく		

Bitte denk an mich!　私のことを考えて！

Interessiert ihr euch für Politik?　君たちは政治に興味はあるのか？

Bist du mit dem Ergebnis der Prüfung zufrieden?

　君は試験の結果に満足しているの？

In diesem Film geht es um die Liebe.　この映画は愛を主題としている。

Sein Sohn gehört zu einer der besten Fußballmannschaften.

　彼の息子は最高のサッカーチームの一つに所属している。

Unsere Beziehung basiert auf Vertrauen.

　私たちの関係は信頼の上に成り立っている。

20 🎧 接続詞

単語	意味

●並列の接続詞

aber	しかし
denn	というのも
doch	しかし
oder	～か、あるいは
sondern	～ではなく
und	～と、そして

●従属の接続詞

als	～したときに
als ob	あたかも～のように
bevor	～する前に
bis	～まで
da	～なので
damit	～するために
dass	～ということ
falls	～の場合には、～の場合に備えて
indem	～することによって

（ 例 文 ）

▶ **Stefan wollte einkaufen gehen, aber er hatte kein Geld.**
（シュテファンは買い物に行きたかったが、お金を持っていなかった。）

▶ **Mein Vater spielt Geige und meine Mutter spielt Klavier.**
（私の父親はヴァイオリンを、母親はピアノを弾きます。）

▶ **Er tut so, als ob er nichts wüsste.** （彼は何も知らないかのように振る舞う。）

▶ **Bevor er Koch wurde, hatte er als Lehrer gearbeitet.**
（彼は料理人になる前は教師として働いていた。）

▶ **Ich hoffe, dass er bald wieder gesund wird.** （彼の早い回復を願っているよ。）

単語	意味
insofern	～の限りでは
nachdem	～した後に
ob	～かどうか
obwohl	～にもかかわらず
ohne dass	～することなしに
sobald	～するやいなや
sodass	その結果
solange	～している間は
soweit	～の限りでは
um	（zu不定詞とともに）～するために、あまりにも～で…できない
während	～している間、～である一方では（対比）
weil	～なので
wenn	もし～ならば
wobei	～、なお…（前文の内容を補足する）
zumal	～だからなおさら

（ 例 文 ）

▷ **Die Mutter ist nach Hause gekommen, nachdem das Paket angekommen war.**（小包が届いたあとで母親が帰宅した。）

▷ **Ich weiß nicht, ob er die Prüfung bestanden hat.**
（私は彼が試験に合格したのかどうか知らない。）

▷ **Obwohl er nicht viel Zeit hat, hilft er mir immer bei den Hausaufgaben.**
（彼はあまり時間がないにもかかわらず、いつも私の宿題を手伝ってくれる。）

▷ **Soweit ich weiß, ist Frau Schmidt nach Deutschland umgezogen.**
（私が知る限り、シュミットさんはドイツに引っ越した。）

▷ **Die Studentin lernt fleißig Deutsch, um in Berlin zu studieren.**
（その女子学生は、ベルリンの大学で勉強するためにドイツ語を熱心に学んでいる。）

▷ **Mein Sohn bleibt in der Wohnung, weil das Wetter schlecht ist.**
（天気が悪いので、私の息子は家にとどまる。）

● 日本語を参考に、（　）に適切な接続詞を入れましょう。

1. （　　　　　　）es heftig regnet, spielen die Kinder draußen Fußball.

   雨が激しく降っているにもかかわらず、子どもたちは外でサッカーをしている。

2. Er fragte mich, （　　　　　　）ich morgen zur Party kommen will.

   彼は私に、明日パーティに来るつもりかどうか尋ねた。

3. Die Polizei sagt, （　　　　　　）der Täter gleich verhaftet werde.

   警察は、犯人がまもなく逮捕されると言っている。

4. Sie bleibt heute zu Hause, （　　　　　　）sie hat Fieber.

   彼女は今日熱があるので家にとどまる。

5. Morgen fahren wir nach München, （　　　　　　）ein Konzert dort stattfindet.

   明日そこでコンサートがあるので、私たちはミュンヘンに行く。

6. （　　　　　　）mein Onkel in Berlin studiert hat, gab es noch die Berliner Mauer.

   私のおじがベルリンの大学で勉強していたときには、まだベルリンの壁があった。

7. Meine Mutter liegt auf dem Sofa und sieht fern, （　　　　　　）mein Vater in der Küche kocht.

   父が台所で料理をしている間、母はソファに寝そべってテレビを見ている。

8. Ich fahre nicht mit dem Bus, （　　　　　　）mit dem Zug.

   私はバスではなく電車で行きます。

コラム さまざまな接続詞

●**並列接続詞**：後続の文の定動詞の位置に影響を与えません。

Er kommt heute nicht, **denn** er ist krank.

●**従属接続詞**：副文を導き、副文のなかでは定動詞が文末に置かれます。

Er kommt heute nicht, **weil** er krank ist.

●**相関接続詞**：並列接続詞のなかには、他の副詞などと組み合わせて相関的に用いるも
のもあります。

sowohl A als auch B（AもBも）　**nicht nur A, sondern auch B**（AだけでなくBもまた）

entweder A oder B（AあるいはB）　**weder A noch B**（AもBも〜ない）

Er hat **weder** Zeit **noch** Geld.

● **wenn と als の違い**

wenn も als も時を表す従属接続詞です。現在・過去にかかわりなく反復的事実を
示す場合には wenn を使い、副詞 immer を前に置くこともあります。それに対して、
過去における一回限りの事象を表す場合には als を使います。

(Immer) **wenn** ich dieses Lied höre, muss ich mich an meine Kindheit erinnern.

この歌を聴くと（いつも）、私は子ども時代を思い出さずにはいられない。

Als er am Bahnhof angekommen ist, war der Zug schon abgefahren.

彼が到着した時には、列車はすでに出発してしまっていた。

● **da と weil の違い**

da と weil はいずれも「〜なので」という意味の従属接続詞です。しかし、weil
は理由・原因として重要な新しい事実を述べる場合に用いられることが多く、どちら
かというと聞き手がすでに知っているあまり重要ではない理由を述べる場合には、da
が使われます。主文に対して、da に導かれる従属文は先行することが多く、weil に
導かれる従属文は後ろに置かれることが多いです。

Da das Wetter schlecht war, sind wir den ganzen Tag zu Hause geblieben.

天気が悪かったものだから、私たちは一日中家にいた。

● **wenn を受ける dann や so**

wenn に導かれる従属文が先行する場合には、後続する主文の冒頭にしばしば
dann や so が置かれます。

Wenn das der Fall ist, **dann** nehme ich an diesem Projekt nicht mehr teil.

もしそうであるなら、私はこのプロジェクトにはもう参加しない。

21 🎵 形容詞（1）（色・形・程度など）

単語	比較級 / 最上級	意味

● 形・程度などに関する言葉

2 / 19

単語	比較級 / 最上級	意味
beide		両方の
breit		広い
dick		厚い、太った
dunkel		暗い
dünn		薄い、やせた
einzeln		個々の
eng		狭い、密接な
früh		早い
ganz		全部の
genug		十分な
gleich		同じ
groß	größer/größt	大きい
halb		半分の
hell		明るい
hoch	höher/höchst	高い
klein		小さい
kurz	kürzer/kürzest	短い
lang	länger/längst	長い

2 / 21

〔 例 文 〕

▶ **In Berlin gibt es viele breite Straßen.** （ベルリンには幅の広い通りがたくさんある。）

▶ **Heutzutage gibt es immer mehr dicke Menschen.**
（今日では、太った人がますます増えてきている。）

▶ **Ich bleibe den ganzen Tag zu Hause.** （私は一日中家にいます。）

▶ **Er hat lange Beine.** （彼は脚が長い。）

単語	比較級 / 最上級	意味
langsam		遅い
laut		（声や音が）大きい
leer		空の
leicht		軽い、簡単な
leise		（音が）小さな
letzt		最後の、最近の
link		左の
nächst		次の
nahe		近い
niedrig		低い
recht		右の
satt		満腹の
schmal	schmaler/schmalst	細い
schnell		速い
schwer		重い、難しい
schwierig		難しい
spät		遅い
viel	mehr/meist	多くの
voll		いっぱいの
wenig		少ない
weit		遠い

（ 例 文 ）

▶ **Verpass den letzten Zug nicht!**（最終列車に乗り遅れないように！）

▶ **Wir wohnen nahe am Bahnhof.**（私たちは駅の近くに住んでいる。）

▶ **Diese Wohnung hat eine niedrige Decke.**（この住居の天井は低い。）

▶ **Wie weit ist es noch bis zum Bahnhof?**（駅まであとどのくらいありますか？）

●色に関する言葉

単語	意味
beige	ベージュの
blau	青い
blond	ブロンドの
braun	茶色の
bunt	色とりどりの
dunkelblau	紺色の
gelb	黄色の
golden	黄金の
grau	灰色の
grün	緑の
hellblau	水色の
lila	紫色の
orange	オレンジ色の
rosa	バラ色の、ピンクの
rot	赤い
schwarz	黒い
silbern	銀色の
weiß	白い

（　例　文　）

▶ **Meine Freundin hat blaue Augen und blonde Haare.**
（私の彼女は碧眼で金髪だ。）

▶ **Er trägt gerne bunte kleidung.** （彼は色とりどりの〔派手な〕服を着るのが好きだ。）

▶ **Ich möchte dieses hellblaue Hemd kaufen.**
（私はこの水色のシャツを買いたい。）

▶ **In Deutschland wird schwarzes Brot gegessen.**
（ドイツでは黒いパンを食べる。）

▶ **Der Schwimmer hat die silberne Medaille gewonnen.**
（その水泳選手は銀メダルを獲得した。）

● 日本語を参考に、（　　）に適切な語を入れましょう。

1. （　　　　　　　）Hemden stehen mir nicht.
   茶色のシャツは僕には似合わない。

2. Die Ärmel dieser Jacke sind mir zu（　　　　　）.
   この上着のそでは私には短すぎる。

3. Er wünscht sich einen（　　　　　　）Ferrari.
   彼は赤のフェラーリをほしがっている。

4. Sie kauft einen（　　　　　　）Mantel.　彼女は白色のコートを買う。

5. München ist eine（　　　　　　）Stadt.　ミュンヘンは大きな街だ。

6. Draußen wird es schon（　　　　　　）.　外はもう暗くなってきている。

コ ラ ム　形容詞の特徴と格変化

● ドイツ語の形容詞は、そのままの形で副詞としても使うことができます。

　In dieser Region wird **guter** Wein hergestellt.

　　この地域ではよいワインが生産されている。（形容詞）

　Der Wein schmeckt **gut**.

　　そのワインは美味しい。（副詞）

● 付加語的用法では、性・数・格に応じて形容詞語尾がつきます（→「文法まとめ」を参照）。
ただし、-a で終わる外来語系の形容詞は、付加語的に用いられる場合でも格変化しません。
extra（特別の）、prima（素晴らしい）、rosa（ピンクの）、lila（紫の）など。

　Sie trägt einen lila Schal.　彼女は紫色のスカーフを身につけている。

また、Berliner（ベルリンの）、Wiener（ウィーンの）など、-er で終わる地名に関する形容詞も無変化です。そのほかにも、beige（ベージュの）、super（素晴らしい）など、格変化しない形容詞があります。

　Er hat ein super Auto.　彼はすごい車を持っている。

22 形容詞（2）（特徴・性格・感情①）

単語	比較級 / 最上級	意味
ähnlich		似ている
aktuell		今現在の、最新の
allgemein		一般的な
alt	älter/ältest	古い、年老いた
ander		別の
angenehm		心地よい
arm	ärmer/ärmst	貧しい、哀れな
attraktiv		魅力的な
bekannt		知られている
beliebt		人気のある
bequem		快適な
bereit		喜んで〜する
berühmt		有名な
besetzt		ふさがっている
besonder		特別な
billig		安い
bitter		苦い
blind		目の見えない
böse		怒っている、悪い

（ 例 文 ）

▶ **Sie ist ihrer Mutter sehr ähnlich.**（彼女は母親にとてもよく似ている。）

▶ **Ich bin 18 Jahre alt.**（私は18歳です。）

▶ **Er war ein Kind armer Eltern.**（彼は貧しい両親の子だった。）

▶ **Dieser Musiker ist in Deutschland sehr bekannt.**
（このミュージシャンはドイツでよく知られている。）

▶ **Liebe macht blind.**（恋は盲目。）

単語	比較級 / 最上級	意味
christlich		キリスト教の
dumm		愚かな
echt		真正の
ehemalig		かつての
einfach		簡単な、単純な、片道の
einsam		孤独な
ernst		真面目な、重大な
falsch		本物でない、間違いの
faul		怠惰な
fertig		完成した、終わった
fleißig		勤勉な、熱心な
frei		空いている、自由な
fremd		よその、見知らぬ
freundlich		友好的な、親切な
frisch		新鮮な
gemeinsam		共同の、共通の
gemütlich		居心地のよい
genau		正確な、細かい
gesund	gesünder/gesündest	健康な、健康によい
glücklich		幸せな

例 文

▶ **Er liebt das einfache Leben.**（彼はシンプルな生活を愛する。）

▶ **Bist du mit dem Essen schon fertig?**（君は食事をもう済ませたの？）

▶ **Ist der Platz hier noch frei?**（ここはまだ空いていますか？）

▶ **Ich bin hier fremd.**（私はここは不案内でして。）

▶ **Bitte geben Sie mir Ihre genaue Adresse!**
（あなたの正確な住所を教えてください！）

▶ **Japanisches Essen soll sehr gesund sein.**（和食はとても健康的だと言われている。）

単語	比較級 / 最上級	意味
günstig		好都合な、安い
gut	besser/best	よい
hart	härter/härtest	かたい、難しい
hässlich		醜い
heiß		熱い
herzlich		心からの
historisch		歴史的な
hübsch		きれいな、かわいい
intelligent		知的な
interessant		面白い、興味深い
jung	jünger/jüngst	若い
kalt	kälter/kältest	冷たい
kaputt		壊れた
klar		澄んだ、明らかな
klug	klüger/klügst	利口な
komisch		滑稽な、奇妙な
krank	kränker/kränkst	病気の
kreativ		創造的な
langweilig		退屈な

2
23

《 例 文 》

▶ „Onsen" heißt auf Deutsch „heiße Quelle".
（温泉はドイツ語では「ハイセ・クヴェレ」と言います。）

▶ Herzliche Grüße von mir an Ihre Frau! （奥様にどうぞよろしくお伝えください！）

▶ Ich finde den Film sehr interessant. （その映画はとても面白いと思うよ。）

▶ Das ist eine klare Antwort. （それは明快な答えです。）

▶ Meine Mutter liegt jetzt krank im Bett. （私の母は今病気で寝ている。）

▶ Langweilige Bücher zu lesen, ist Zeitverschwendung.
（退屈な本を読むのは時間の無駄だ。）

● 日本語を参考に、（ ）に適切な語を入れましょう。

1. Er ist nicht（　　　　　　　　　）, unseren Vorschlag zu akzeptieren.
   彼は我々の提案を受け入れるのに乗り気ではない。

2. Das ist ein（　　　　　　　　）Handy.　それは特別な携帯電話です。

3. Auch（　　　　　　　　）Wein kann gut schmecken.
   安いワインでもおいしいものがある。

4. Viele alte Menschen sind（　　　　　　　　）.
   多くの老人たちが孤独だ。

5. Er war immer（　　　　　　　　）zu unseren Kindern.
   彼はうちの子どもたちにいつも親切だった。

6. Fischers Fritz fischt（　　　　　　　　）Fische.
   漁師のフリッツが新鮮な魚を釣る（早口言葉）。

7. （　　　　　　　　）Essen muss nicht immer teuer sein.
   良い料理がいつも値段が高いとは限らない。

8. Sie ist noch sehr（　　　　　　　　）.　彼女はまだとても若い。

コ ラ ム　否定の意味を表す接頭辞

以下のような接頭辞をつけることで、形容詞を否定の意味に変えることができます。

a-　anonym（匿名の）、atonal（無調の）、atypisch（典型的でない）

des-　desinteressiert（無関心な）、desorientiert（土地勘のない）

dis-　disharmonisch（不協和の）、diskontinuierlich（不連続な）

il-　illegal（非合法の）、illoyal（不誠実な）

im-　immateriell（非物質的な）、immobil（不動の）

in-　inaktiv（不活発な）、instabil（不安定な）

ir-　irreal（非現実的な）、irregulär（不規則な）

non-　nonverbal　言語手段を用いない

un-　unangenehm（不快な）、unbekannt（無名の）、ungesund（不健康な）、
　　　unmöglich（不可能な）、unruhig（動揺した）、
　　　unsicher（安心できない、不確実な）、unsympathisch（感じの悪い）

23 形容詞(2)（特徴・性格・感情②）

2
24

単語	比較級 / 最上級	意味
lecker		おいしい
ledig		独身の
lieb		愛する
locker		ゆるい
lustig		楽しい、愉快な
modern		現代的な
modisch		流行の
möglich		可能な
müde		疲れた、眠い
munter		快活な
nass	nasser/nassest	ぬれた、湿った
negativ		否定的な
nett		感じのよい
neu		新しい
neugierig		好奇心旺盛な
normal		普通の
nötig		必要な
notwendig		必然的な
populär		人気の
positiv		肯定的な

2
25

（　例　文　）

▶ **Lieber Herr Schmidt, ...**（シュミット様、〜[手紙やメールの冒頭での宛名の一例]）

▶ **Suchst du ein neues kleid?**（君は新しいドレスを探しているの？）

▶ **Ich habe eine positive Antwort bekommen.**（私は前向きな回答をもらった。）

単語	比較級 / 最上級	意味
praktisch		実際的な、実用的な
pünktlich		時間に正確な
recht		正しい、正当な
reich		豊かな、富んだ
richtig		正しい
roh		生の
ruhig		静かな
sauber		清潔な
schade		残念な
scharf	schärfer/schärfst	辛い
scheu		びくびくした
schick		シックな
schlau		抜け目ない、利口な
schlecht		悪い
schlimm		ひどい
schön		美しい
schüchtern		内気な、おずおずした
schwach	schwächer/schwächst	弱い
selbständig		自立した
selbstverständlich		当然の
stark	stärker/stärkst	強い
still		静かな

（ 例 文 ）

▶ **Er sucht nach einer praktischen Lösung.**（彼は実用的な解決を模索している。）

▶ **Bitte seien Sie ruhig!**（お静かに願います！）

▶ **Sie trägt immer einen schicken Hut.**（彼女はいつもシックな帽子をかぶっている。）

▶ **Er ist ein schlauer Bursche.**（あいつは抜け目のない奴だよ。）

▶ **Ich fühle mich sehr schlecht.**（とても気分が悪いんだ。）

単語	比較級 / 最上級	意味
stolz		誇らしい
streng		厳しい
stumm		無言の
super		素晴らしい
süß		甘い
tatsächlich		実際の、本当の
teuer		高価な
tot		亡くなった
traurig		悲しい
trocken		辛口の、乾燥した
üblich		普通の、よくある
umgekehrt		逆の
unterschiedlich		さまざまの
verheiratet		既婚の
verschieden		異なる
vollkommen		完全な
wahr		本当の
weich		柔らかい
wichtig		重要な
wunderbar		素晴らしい
zufrieden		満足している

《 例 文 》

▶ **Er war ein strenger Lehrer.**（彼は厳格な教師だった。）

▶ **Worüber bist du so traurig?**（何がそんなに悲しいの？）

▶ **Dieses Brot ist trocken und hart.**（このパンは乾燥して硬くなっている。）

▶ **Die Reaktionen der einzelnen Länder waren unterschiedlich.**
（各国の反応はさまざまだった。）

▶ **Bist du damit zufrieden?**（それで君は満足しているの？）

● 日本語を参考に、（　）に適切な語を入れましょう。

1. Es ist（　　　　　　）, dass du heute nicht mitkommen kannst.
   君が今日一緒に来ることができないのは残念だ。

2. Bist du（　　　　　）?　君は疲れたの（眠いの）？

3. Er ist über Nacht（　　　　　）geworden.
   彼は一夜にして金持ちになった。

4. Auf die Frage blieb er（　　　　　）.
   その質問に対し彼は黙ったままだった。

5. Es war ein sehr（　　　　　）Abend.　本当に楽しい晩だったね。

6. Heute findet eine sehr（　　　　　）Sitzung statt.
   今日はとても重要な会議がある。

コ ラ ム　形容詞をつくる接尾辞

　以下のような接尾辞を動詞の語幹や名詞につけることで、さまざまな意味を持つ形容詞を作ることができ、語彙の幅がぐっと広がります。

-abel　〜可能な　akzeptabel（受け入れられる）、respektabel（尊敬すべき）

-arm　〜に乏しい　schneearm（雪の少ない）、fettarm（低脂肪の）

-bar　〜できる　bestellbar（注文できる）、essbar（食べられる）、kaufbar（買える）

-fähig　〜できる　arbeitsfähig（働くことができる）

-frei　〜のない（どちらかというと肯定的）　alkoholfrei（アルコールを含まない）、
　　　　einwandfrei（申し分のない）、zuckerfrei（砂糖を含まない）

-iv　〜的な　instinktiv（本能的な）、produktiv（生産的な）

-lich　〜的な　gefährlich（危険な）、persönlich（個人的な）、monatlich（毎月の）、
　　　　weiblich（女性の）

-los　〜のない（どちらかというと否定的）　arbeitslos（無職の）、hilflos（無力な）

-nah　〜に近い　hautnah（肌に触れるほど近い）

-reich　〜がたくさんある　inhaltsreich（中身の濃い）、kinderreich（子だくさんの）

地名＋ -er　Wiener Kongress（ウィーン会議）、Berliner Mauer（ベルリンの壁）

-voll　〜でいっぱいの　hoffnungsvoll（希望に満ちた）

-wert　〜の価値がある　sehenswert（見る価値のある）

24 副詞（1）（時・場所・程度）

単語	意味
bald	まもなく
bereits	すでに
bisher	今までは、これまでは
da	そこに（で）、そのとき
damals	当時は
dann	それから、それなら
dort	あそこ
draußen	外で
eben	ちょうど今、まさに
ein bisschen	ほんの少し
einmal	一度
erst	最初に、まず
etwa	およそ
fast	ほとんど
früh	早く、朝に
früher	以前、かつて
gerade	ちょうど、たったいま
gestern	昨日

例　文

▶ **Bald beginnt wieder die Schule.**（もうじき学校が始まる。）

▶ **Ich bin wieder da, Mama!**（母さん、ただいま！）

▶ **Wie heißt das große Gebäude dort?**（あそこの大きな建物は何ていうの？）

▶ **Früher war alles besser.**（以前はすべてがもっと良かった。）

▶ **Der Bus ist gerade abgefahren.**（バスは今発車したところです。）

▶ **Gestern hat er mich endlich einmal besucht.**
（昨日彼は私のところにやっと来てくれた。）

単語	意味
gleich	すぐに
häufig	頻繁に
herein	なかへ
heute	今日
hier	ここ
hierher	こちらへ
hinten	後ろに
höchstens	せいぜい
immer	いつも
immer wieder	再三
jetzt	いま
mal	以前に、いつか
...mal	～回、～度、～人前
manchmal	時々
mehr	もっと
mehrmals	何度も
meistens	たいていの場合
mindestens	少なくとも
morgen	明日
nachher	あとで
nie	決して～ない
noch	まだ

例 文

▶ **Das Essen ist gleich fertig.**（料理はすぐにできるよ。）

▶ **Sie kommt immer wieder zu spät.**（彼女はたびたび遅刻する。）

▶ **Ja, jetzt komme ich zu dir.**（いいよ、今から君のところに行くよ。）

▶ **Wir nehmen zweimal Wiener Schnitzel!**（ウィーン風カツレツを二つお願いします！）

▶ **Sehen wir uns nachher noch?**（あとでまた会う？）

単語	意味
nochmal	もう一度
oft	しばしば
schon	すでに
sehr	とても
selten	めったに～ない
sofort	すぐに
später	あとで
überall	いたるところで
übermorgen	明後日
völlig	すっかり、完全に
vorgestern	一昨日
vorher	その前に、前もって
vorn(e)	前に、手前に
wann	いつ
warum	なぜ
wie	どのように
wieder	再び
wo	どこで
woher	どこから
wohin	どこへ
ziemlich	かなり
zuletzt	最後に

(例 文)

▶ **Versuch es nochmal!**（もう一度やってごらん！）

▶ **Ich spiele oft Fußball.**（サッカーをよくします。）

▶ **Sie geht selten allein in die Kneipe.**
（彼女が一人で飲み屋に行くようなことは珍しい。）

▶ **Ich kenne ihn ziemlich gut.**（私は彼をかなりよく知っている。）

● 日本語を参考に、（　　）に適切な語を入れましょう。

1. （　　　　　　　　）habe ich keine Zeit.　今日は時間がない。

2. Sie kommt（　　　　　　　）pünktlich.　彼女はいつも時間に正確だ。

3. Er ist doch noch nicht so alt, （　　　　　　）50.
   彼はまだそんなに歳をとっていない、せいぜい50だ。

4. Kommst du（　　　　　）mit mir ins Konzert?
   明日、僕とコンサートに行かない？

5. （　　　　　　　）fährt er mit dem Bus nach Hause.
   彼はたいていの場合バスで帰宅する。

6. Warten Sie bitte, ich komme（　　　　　）!
   お待ちください、ただちに参ります！

7. Hunde müssen（　　　　　）bleiben.　犬は店内には入れません。

コラム　副詞をつくる接尾辞

副詞をつくる接尾辞には以下のようなものがあります。

形容詞など＋ -dings　neuerdings（近ごろ）、allerdings（もちろん）

形容詞＋ -erweise
　　bedauerlicherweise（残念なことに）、erfreulicherweise（喜ばしいことに）、
　　erstaunlicherweise（驚くべきことに）、normalerweise（通常は）

名詞＋ -halber　sicherheitshalber（用心のために）、krankheitshalber（病気のために）

名詞・形容詞など＋ -s
　　anfangs（はじめに）、keineswegs（決して〜ない）、großenteils（大半は）、
　　vormittags（午前中に）、nachts（夜に）

序数・形容詞の最上級など＋ -ens　erstens（第一に）、spätestens（遅くとも）

代名詞・形容詞・動詞の分詞形など＋ -maßen
　　einigermaßen（いくらか）、folgendermaßen（次のように）

名詞＋ -weise　ausnahmsweise（例外的に）、beispielsweise（たとえば）

形容詞・副詞など＋ -wärts　vorwärts（前方へ）、rückwärts（後方へ）、aufwärts（上方へ）

単語	意味
allerdings	もちろん、ただし
also	だから、したがって
anders	～と異なって
anscheinend	～のようだ
anschließend	続いて
auch	～もまた
besonders	特に
bestimmt	はっきりと、きっと
denn	（疑問文中で疑念などを反映して）そもそも、いったい
deshalb	だから
doch	だって、やはり
fort	なくなる、引き続き
geradeaus	まっすぐ
gern（e）	好んで
glücklicherweise	幸いなことに
hoffentlich	～だといいですが
ja	はい
jawohl	ええ、そうですとも
jedenfalls	いずれにせよ
kaum	ほとんど～ない
lauter	ただ～ばかり

2 / 28

2 / 29

（ 例 文 ）

▶ **Er sieht anders aus als sein Vater.**（彼は父親とは外見が異なる。）

▶ **Ich will dieses Jahr auch auf Hawaii Urlaub machen.**
（私は今年もハワイで休暇を過ごすつもりだ。）

単語	意味
leider	残念ながら
lieber	より好んで
links	左に
los	さあ、行け
möglicherweise	もしかすると
natürlich	もちろん
nein	いいえ
nicht	（否定）〜でない
normalerweise	通常は
nun	今や、さて
nur	ただ〜だけ
offenbar	どうやら〜のようだ
rechts	右に
rückwärts	後ろへ
selbst	自分で
sicher	きっと、確かに
sogar	それどころか
sonst	さもなければ
überhaupt	そもそも
übrigens	ところで
umso	それだけいっそう

（ 例 文 ）

▶ **Leider kann ich dir nicht helfen.**（残念ながら君を助けられない。）

▶ **Hast du das gewusst? — Natürlich!**（そのことを知っていたの？ — もちろん！）

▶ **Nun lasst uns langsam anfangen.**（では、そろそろ始めましょうか。）

▶ **Sie müssen hier rechts abbiegen.**（ここを右に曲がらなければなりません。）

▶ **Ich habe überhaupt keine Zeit.**（そもそも暇が全然ないんだよ。）

単語	意味
unbedingt	絶対に
ungefähr	およそ
vermutlich	おそらく、ひょっとすると
vielleicht	ひょっとしたら
vorbei	終わって、過ぎて
vorwärts	前へ
wahrscheinlich	たぶん
weg	去って、離れて
weiter	より広く、引き続き
wenigstens	少なくとも
wirklich	実際に、本当に
wohl	健康に、快適に、たぶん
zirka, circa, ca.	約
zuerst	まず
zufällig	たまたま
zurück	戻って
zurzeit	目下、いまのところ
zusammen	一緒に、全部で

（ 例 文 ）

▶ **Dieses Buch musst du nicht unbedingt lesen.**
（この本は必ず読まなければならないというものではない。）

▶ **Bis zum Bahnhof sind es ungefähr drei Kilometer.** （駅まではおおよそ3キロある。）

▶ **Vielleicht geht es doch.** （たぶんまだ大丈夫だと思う。）

▶ **Der Sommer war schnell vorbei.** （夏はあっという間に過ぎ去った。）

▶ **Ist er schon weg?** （彼はもう行っちゃったのか？）

▶ **Halt, nicht weiter!** （止まって、先に行っちゃだめ！）

▶ **Er wird wohl pünktlich da sein.** （彼は時間通りに来ると思うよ。）

▶ **Vier Jahre war sie mit ihm zusammen.** （4年間、彼女は彼と一緒だった。）

● 日本語を参考に、（　　）に適切な語を入れましょう。

1. Ich denke, (　　　　　) bin ich.　我思う、ゆえに我あり。

2. Sie ist jetzt (　　　　　) zu Hause.　彼女は今きっと家にいるよ。

3. Gehen Sie hier (　　　　　　) bis zur nächsten Kreuzung.
   ここをまっすぐ次の交差点まで行ってください。

4. Ich bleibe (　　　　　) zu Hause.　いずれにせよ、私は家にいるよ。

5. Diesen Film musst du dir (　　　　　　) ansehen!
   この映画を君はぜひ見なくては！

6. Morgen wird es (　　　　　) schneien.　明日はおそらく雪でしょう。

7. Kommt sie (　　　　　) zur Party?　彼女は本当にパーティに来るの？

コラム　副詞（句）の語順の規則

　複数の副詞（句）が連なるときには、tekamolo の順に並べると良いでしょう。tekamolo とは、temporal（いつ）、kausal（なぜ）、modal（どのように）、lokal（どこ）の頭文字です。おおむね日本語の語順と同じです。

Meine Mutter fährt <u>heute</u> <u>wegen der Verletzung</u> <u>mit dem Taxi</u> <u>zur Arbeit</u>.
　　　　　　　　　te　　　　ka　　　　　　mo　　　　lo
私の母は今日、怪我をしているのでタクシーで仕事に行く。

● 知っておくと便利な表現

nicht immer	いつも〜とは限らない	gar nicht	まったく〜ない
nicht mehr	もはや〜ない	zwar ..., aber ...	たしかに〜だが、…
nicht unbedingt	必ずしも〜ではない	noch mehr	もっと
zu Recht	正しく	noch nicht	まだ〜ない
zum Glück	幸運なことに	..., und zwar ...	それも、詳しくいうと

・Das Essen war gar nicht gut.　この食事は全然良くなかった。

・Man kann sich leider nicht immer auf ihn verlassen.
　残念だが、常に彼を信頼できるわけではない。

115

練習問題イラスト ― 西尾宇広

装丁 ― 明昌堂

使えるドイツ語単語帳
―シチュエーション別・文法項目別―

検印
省略

© 2024 年 1 月 30 日　　初 版 発 行

著者　　　　　　　　　　　北川千香子

　　　　　　　　　　　　　西 尾 宇 広

発行者　　　　　　　　　　小川洋一郎

発行所　　　　　株式会社　朝 日 出 版 社
　　　　〒101-0065 東京都千代田区西神田 3-3-5
　　　　　　電話(03)3239-0271·72（直通）
　　　　　　http://www.asahipress.com/
　　　　　　振替口座　東京　00140-2-46008
　　　　　　　　　　明昌堂／錦明印刷

乱丁，落丁本はお取り替えいたします
ISBN978-4-255-25476-0 C1084

本書の一部あるいは全部を無断で複写複製（撮影・デジタル化を含む）及び
転載することは、法律上で認められた場合を除き、禁じられています。